LE PARC NATIONAL DE TAÏ, 50 ANS APRÈS

Leçons rétro-prospectives de la gouvernance d'une aire protégée modèle en Côte d'Ivoire

Sylvestre Kouamé KOUASSI

LE PARC NATIONAL DE TAÏ, 50 ANS APRÈS

Leçons rétro-prospectives de la gouvernance d'une aire protégée modèle en Côte d'Ivoire

Préface de Professeure BIKPO Céline

L'Harmattan
Côte d'Ivoire

5-7, rue de l'École-Polytechnique ; 75005 Paris
www.editions-harmattan.fr

ISBN : 978-2-336-50866-5
EAN : 9782336508665

Remerciements

Cet ouvrage est le résultat de la contribution de plusieurs personnes que je ne saurais restreindre à ces pages. Cependant, je me permettrais de porter une attention particulière sur certaines d'entre elles.

Cette étude qui peut être considérée comme une œuvre est passée entre les mains de grands potiers dont je veux me souvenir. Je veux traduire mon infinie gratitude à mes maîtres, ceux qui m'ont façonné dans le temps et dans l'espace pour obtenir ce résultat.

Je veux remercier du fond du cœur mon maître, Dr DOBE Lobognon, enseignant-chercheur à l'Institut de Géographie Tropicale, géographe environnementaliste et cartographe, qui m'a appris les premiers réflexes de la recherche scientifique. Il a guidé mes premiers pas à la recherche en suivant mes mémoires de Licence et de Maitrise. À travers ces deux premiers travaux de recherche, il m'a permis de voir large en traitant successivement les enjeux de l'environnement urbain et de l'environnement naturel. Cette ouverture m'est fortement utile dans le traitement de ces problématiques environnementales. Les exigences académiques ont contraint ce Maître à passer la main à celui qui m'a excellemment modelé après la pose des premiers jalons de la recherche scientifique.

Je dois quasiment tout à ce grand Maître dont je suis tellement fier d'être l'un des disciples. Je veux dire MERCI, à titre posthume, à mon Maître, Professeur KOBY Assa Théophile, qui m'a pris sous ses ailes depuis la soutenance de mon mémoire de Maitrise en 2002 où il assurait la présidence. Il m'a appris les rudiments de la prospective et a affiné mes réflexes pour la recherche scientifique. Directeur de ma thèse de doctorat, il fit de moi le premier de ses étudiants à soutenir en terre ivoirienne en 2012. Ce travail pionnier a posé les bases de la géographie de l'avenir en Côte d'Ivoire. Il facilita mon entrée dans le monde de l'expertise et de l'administration respectivement en tant qu'expert national de l'ENP CI 2040 en 2012, et Chef du Département des Études Prospectives au Bureau National de la Prospective et de la Veille Stratégique (BNPVS) du Ministère d'État, Ministère du Plan et du Développement en 2016. Il fut un père scientifique soucieux de l'évolution de son filleul qu'il n'hésita pas, même affaibli par la maladie, à se rendre à Bouaké pour m'apporter le soutien nécessaire lors des activités scientifiques sur la prospective que j'y organisais. Au-delà de l'aspect universitaire, il m'ouvrit très tôt les portes de sa maison et de sa famille pour que j'en sois l'un des membres admis par toute la maisonnée. Je voudrais ici traduire toute ma reconnaissance à son épouse et à ses enfants qui me l'ont bien rendu lors de ses obsèques en janvier 2023 en me permettant de faire partie du restreint cercle familial autorisé à assister à son inhumation. Cher Maître, votre œuvre se poursuit et sera bonifiée par vos enfants et petits-enfants scientifiques.

Je tiens à manifester ma reconnaissance à Professeur POKOU Koffi, ancien Secrétaire Général du Bureau National de la Prospective et de la Veille Stratégique de l'actuel Ministère de l'Économie, du Plan et du Développement. En Septembre 2012, bien avant la soutenance de ma thèse de doctorat, il m'offrait l'opportunité de faire mes premières classes au sein de l'équipe d'experts de l'Étude Nationale Prospective Côte d'Ivoire en participant à un atelier d'application de la méthode MACTOR. À la suite de cette activité, il m'a retenu définitivement dans l'équipe d'experts et me proposa au poste de Chef du Département des Études Prospectives au BNPVS qui fut accepté par le Conseil des Ministres du 30 novembre 2016.

Je voudrais traduire ma gratitude à tous les Directeurs qui se sont succédés à la tête du parc national de Taï depuis 1999. Il s'agit respectivement de Messieurs N'DRI Koffi, TONDOSSAMA Adama et DIARRASOUBA Abdoulaye. Je tiens à adresser une mention spéciale à Monsieur N'DRI Koffi qui m'a toujours reçu avec une chaleur particulière dans ses bureaux et m'a prodigué des conseils professionnels qui m'ont été fortement utiles. Je remercie ses successeurs qui ont toujours facilité mes séjours à Soubré pour la réalisation de mes recherches. Je profite de cette belle opportunité pour remercier toute l'administration de l'OIPR que j'ai pris plaisir à côtoyer durant toutes ces années en portant une attention particulière à Monsieur OUATTARA Kassoum, l'actuel Directeur des Affaires Administratives Financières de l'OIPR pour sa disponibilité et sa belle collaboration.

Dans mon parcours administratif, j'ai eu l'opportunité de rencontrer des personnes qui, comme un puzzle qui s'enchevêtre harmonieusement, m'ont conduit sur le chemin de l'UNESCO entre 2019 et 2022 avec pour point de chute, la création de la Chaire UNESCO Anticipation, Prospective et Territoires Durables de l'Université Alassane OUATTARA, dont j'assure la direction en qualité de Titulaire depuis le 23 mars 2022. Je veux ici témoigner ma reconnaissance à Laurence ULLMAN, André BOUTNA, Sandra COULIBALY, Riel MILLER, Eva FEUKEU, Léa CHAUSSIS et Christine KAVAZANJIAN.

Ma proximité avec mon Maître, Professeur KOBY Assa Théophile, m'a rapproché de ce grand Maître des sciences géographiques. Depuis la soutenance de mon mémoire de DEA dont il assura la présidence et trahit le secret de mon Directeur de mémoire de me « léguer la prospective », je n'ai plus lâché les bras instructeurs et protecteurs de Professeur HAUHOUOT Asseypo Antoine. Je fais désormais partie de l'écurie de ce grand Homme de Sciences. Ainsi, en 2019, à l'invitation de l'ONG OUHINE de Yacolidabouho, il me fit l'honneur de le représenter dans ce village et de communiquer sur le lien entre Aménagement du territoire et conservation du parc national de Taï. Ce fut une belle occasion de discuter avec les populations de ce village modèle et les gestionnaires de cette aire protégée. Le départ de mon Maître, son ami et frère, en décembre 2022, a été un motif supplémentaire de rapprochement. Cette parole dite à l'occasion des obsèques de mon regretté Maitre est rassurante : « *Kouassi, ton patron n'est plus là, mais je suis là. Tu peux passer me voir à tout moment* ». Cher Maître, je vous assure aussi que le chantier important de la prospective ouvert par votre frère sera entretenu et élargi.

Mes années doctorales à l'Institut de Géographie Tropicale, à l'Université Félix Houphouët-Boigny d'Abidjan, m'ont permis de découvrir cette enseignante respectée pour son charisme, son intelligence et son leadership. Professeure BIKPO Céline faisait partie des rares enseignants du Département de Géographie qui, en 2012 déjà, portaient une attention particulière sur mon insignifiante personne. À la fin de ma soutenance, le 29 octobre 2012, je me souviens de ces mots : « *Sylvestre, ça s'est bien passé ? Tu as eu la mention Félicitations ?* ». Cette façon particulière de le dire qui traduisait la confiance placée en moi a été le ciment de l'admiration que j'ai toujours eue pour cette enseignante. Malgré mon recrutement à l'Université Alassane OUATTARA, nos échanges et rencontres ont été toujours chaleureux. Après le décès de mon Directeur de Thèse, le 25 décembre 2022, elle a porté le fardeau de la finalisation et de la dédicace, à titre posthume, de son ouvrage. Cette étape douloureuse, mais cruciale, a renforcé nos liens. Ses précieux conseils contribuent fortement au développement de la Chaire. Je voudrais lui réitérer ma reconnaissance pour sa disponibilité, son appui et son accompagnement dans mon évolution universitaire. La préface de cet ouvrage est, s'il est encore besoin, la parfaite illustration de ce mentorat fructueux.

À la chute de ces remerciements, je voudrais traduire ma gratitude à tous les collègues de la Chaire UNESCO Anticipation, Prospective et Territoires Durables de l'Université Alassane OUATTARA qui m'accompagnent depuis sa création. Collaborateurs aux multiples facettes, vous êtes des conseillers, des appuis et des agents déterminés qui contribuez, chaque jour, aux réussites et aux apprentissages de la Chaire. Dans ce lot, je voudrais renouveler ma reconnaissance à Professeur KOFFI Brou pour son encadrement depuis mon entrée à l'UAO et qui se poursuit à la Chaire. Je veux remercier sincèrement mes étudiants qui sont aujourd'hui, devenus mes jeunes collègues. Il s'agit de COULIBALY Tiecoura, N'ZUE Pascal, KONE Boniface, GOLI Camille, KOFFI Léonce et KOUASSI DAVID Aurélie pour les heures de relecture, la cartographie et la finalisation de la mise en forme de cet ouvrage. Je voudrais adresser une note particulière au jeune collègue KOUAME Kouakou Noel pour son fort appui par la réalisation des enquêtes complémentaires à la Direction de Zone Sud-Ouest (DZSO) de l'Office Ivoirien des Parcs et Réserves (OIPR), à Soubré, en septembre 2022 et mars 2023 ; pour ses travaux d'analyse et ses journées de relecture du manuscrit. Son expertise dans le domaine de la gouvernance des aires protégées par ses recherches sur le parc de la Marahoué a été grandement utile. À tous ces collègues, je voudrais vous traduire ma reconnaissance pour votre confiance, votre loyauté et votre persévérance. Vous êtes des acteurs clés de l'institutionnalisation de la prospective à l'Université Alassane OUATTARA. Le recrutement massif de ces deux dernières années dans la spécialité « Prospective environnementale », par l'action de la Chaire, prouve que nous avons, ensemble, fait le bon choix. Avec vous, la prospective a de beaux jours devant elle à l'UAO et en Côte d'Ivoire. Votre haute contribution à la réalisation de cet ouvrage en est le parfait témoignage. La CUAPTD est l'une des dernières nées des Chaires UNESCO en Côte d'Ivoire, ce qui autorise l'erreur. Mais, nous n'avons pas le droit d'abandonner pour ruiner les efforts de nos Maîtres qui nous ont précédés et ont ouvert, avec beaucoup de sacrifices, la voie. *Seul, on va vite. Ensemble, on va plus loin !*

Avant-propos

Cet ouvrage est à la rencontre de la géographie de l'environnement et de la prospective ; deux spécialités scientifiques que j'ai découvertes dans les années 2000 et qui vont influencer la suite de mes études universitaires et ma carrière professionnelle.

La géographie de l'environnement est liée à mon intérêt pour les sciences environnementales et particulièrement les aires protégées. Ce goût est né de ma proximité avec des amis du lycée moderne de San Pedro qui avaient été orientés, après l'obtention de notre baccalauréat, à l'Université d'Abobo-Adjamé, l'actuelle Université Nangui Abrogoua qui était spécialisée dans les sciences environnementales. En outre, j'étais très intéressé par l'expertise qui me semblait être le fort des membres de cette université que des géographes qui, à cette époque, me paraissaient être très éloignés en dépit des atouts de leur discipline. Ainsi, quand il s'est agi de choisir une option de spécialisation en Licence 3 de géographie, mon choix s'est naturellement porté sur l'Environnement. Lorsque vint l'étape de la rédaction du mémoire de Maitrise, je décidai de travailler sur le parc national de Taï au regard des échos du Projet Autonome pour la Conservation du Parc National de Taï (PACPNT) qui étaient plus que flatteurs. En effet, en 1995, le PACPNT était un projet phare dans la zone du Bas Sassandra. Ma rencontre à San Pedro avec le Directeur de ce projet, le Commandant N'Dri Koffi, fut le principal déclencheur de cette nouvelle appétence pour les études sur les parcs.

En 1999, à la veille du coup d'État en Côte d'Ivoire, j'achevais mes premières enquêtes de terrain dans la zone riveraine du parc national de Taï. Ma soutenance en 2002 sous la Direction de Docteur DOBE Lobognon, mon maître, a été le point de départ de mon histoire pour la prospective. Un Maître passait le relais à un autre grand Maître !

Le Président de mon jury, le Professeur KOBY Assa Théophile, avait manifesté un intérêt particulier pour mon travail. Et j'avais perçu ses éloges comme une sorte de drague pour le rejoindre. Or, l'homme était réputé être difficile, trop rigoureux, et surtout, portait l'étiquette de n'avoir pas fait soutenir beaucoup d'étudiants comme la plupart de ses pairs. Après maintes tentatives d'aller voir ailleurs, je fus finalement séduit par la nouvelle discipline qu'il diffusait, car il était désigné comme le chantre de la prospective. En réalité, je ne voulais pas faire quelque chose de déjà connu et suffisamment exploré. Je voulais être un pionnier et le Professeur KOBY m'offrait cette occasion de me frayer un chemin nouveau avec la prospective. Notre marche scientifique confirma à souhait ce qui se disait de cet enseignant. En 2005, après plusieurs reports liés à des innovations scientifiques en management stratégique découvertes par le Maître lors d'un séjour aux États-Unis, je réussis à soutenir mon mémoire de DEA sur le sujet suivant : « ***L'avenir du parc national de Taï : éléments de prospective territoriale pour une géographie appliquée*** ». Après deux reports en 2010 et 2011 en raison des incertitudes de la crise socio-politique de 2011, je parvins à soutenir ma thèse de doctorat en octobre 2012 sur « ***La prospective territoriale au service de la conservation des aires protégées en Côte d'Ivoire : les exemples comparés des parcs nationaux de Taï et de la Marahoué*** ». Au final, je compris de ces expériences que le Maître refusait le contentement scientifique. Il avait plutôt un goût prononcé pour la perfection. Cependant, cette qualité, désormais peu observée dans notre milieu, peut nous jouer quelques mauvais tours. La publication, à titre posthume de notre ouvrage commun : « ***Une géographie de l'avenir : concepts, méthodes et outils*** », en 2023, après plusieurs reports, en est l'ultime illustration.

À la suite de ma soutenance de thèse, ce travail pionnier en prospective, l'allure prise par mes activités professionnelles dans le domaine de la prospective m'a maintenu à une relative distance de la recherche sur la gouvernance des aires protégées sans m'en éloigner définitivement. Expert national de l'Étude Nationale Prospective « Côte d'Ivoire 2040 » en 2012, Chef du Département des Études Prospectives au Bureau National de la Prospective et de la Veille Stratégique depuis 2016, Président du Club des Amis de la Prospective de l'Université Alassane OUATTARA (CAP-UAO) en 2018, Titulaire de la Chaire UNESCO Anticipation, Prospective et Territoires Durables (CUAPTD) de la même université en mars 2022, Président du Réseau Ivoirien des Praticiens et des professionnels de la Prospective (RESIP) depuis mai 2024 ; ce sont autant de responsabilités assumées dans le champ de la prospective.

Après ce tour encore inachevé, je reviens, vingt-cinq ans après, à mon premier amour : le parc national de Taï. Cette réflexion intitulée : « ***Le parc national de Taï, 50 ans après.*** *Leçons rétro-prospectives de la gouvernance d'une aire protégée modèle en Côte d'Ivoire* », est le témoignage de ce cordon ombilical jamais rompu avec la géographie de l'environnement. Cet ouvrage fait donc le lien entre le passé et l'avenir de cette aire protégée, les deux versants temporels de la prospective. Il est le fruit de près de trois décennies de pratique et de recherche sur le parc national de Taï pour comprendre sa dynamique d'évolution passée et penser son avenir. C'est une modeste contribution à la géographie prospective et à la gouvernance des aires protégées en Côte d'Ivoire, voire en Afrique.

Préface

Lorsque KOUASSI Kouamé Sylvestre m'a sollicité pour rédiger la préface de son ouvrage intitulé « **Le parc national de Taï en Côte d'Ivoire, 50 ans après** », j'ai ressenti un profond honneur. Je tiens à lui exprimer ma sincère gratitude pour cette marque de confiance.

Cet ouvrage vient enrichir les travaux de recherche sur la prospective territoriale, domaine auquel KOUASSI Kouamé Sylvestre a déjà contribué de manière significative à travers sa participation à la rédaction du premier ouvrage fondateur sur « **La géographie de l'avenir** ». En tant que Titulaire de la Chaire UNESCO « Anticipation, Prospectives et Territoires Durables » à l'Université Alassane OUATTARA, il a su, par ses recherches, alimenter une réflexion scientifique de premier plan sur les enjeux de la prospective territoriale, thématique centrale dans la gestion durable des espaces naturels.

La prospective, notamment à travers la méthode des scénarios, permet d'alerter les décideurs et le grand public sur des problématiques émergentes qui, si elles sont bien identifiées à l'avance, peuvent être atténuées, voire évitées avant de se transformer en crises majeures. Grâce à cette approche, il est possible d'anticiper des menaces des années à l'avance, offrant ainsi des marges de manœuvre pour des solutions préventives. Après une étude approfondie du parc national de Taï, KOUASSI Kouamé Sylvestre a orienté ses recherches vers le parc de la Marahoué, dans le but de mener une analyse comparative entre ces deux espaces protégés en recourant aux outils de la prospective. Cette approche holistique lui permet, à travers cet ouvrage, de proposer une analyse rétrospective du parc national de Taï couvrant une période de cinquante ans.

Cette rétrospective constitue une opportunité unique de dresser un état des lieux rigoureux du parc tout en jetant les bases d'une réflexion sur les perspectives de son avenir pour les cinq décennies à venir. Le cadre est ici propice à une analyse à la fois diachronique, retraçant les évolutions historiques du parc, et synchronique, envisageant les dynamiques actuelles et leurs implications futures. En tant que méthode, la prospective s'avère particulièrement précieuse pour élaborer des scénarios et formuler des solutions face aux défis pressants qui guettent cet écosystème, dans le but de préserver la forêt de Taï, l'un des derniers vestiges de forêt primaire en Afrique de l'Ouest.

Je tiens à inviter les lecteurs — étudiants, praticiens de la prospective, et tous citoyens préoccupés par l'avenir de cette forêt qui constitue un bien commun universel — à lire attentivement cet ouvrage. Ils y découvriront des pistes de réflexion innovantes et des solutions concrètes pour anticiper les futurs possibles de ce parc unique. Merci pour l'attention que vous porterez à cette œuvre d'une grande importance.

BIKPO Céline

Professeure Titulaire des Universités
Directrice de l'Institut de Géographie Tropicale
(Université Félix Houphouët-Boigny-Côte d'Ivoire)
Ancienne Présidente du Comité Technique Spécialisé
« Lettres et Sciences Humaines » du CAMES

Liste des figures

Liste des tableaux

Liste des cartes

Liste de planches cartographiques

Liste des planches photographiques

Liste des photos

Sigles et abréviations

ADK	: Ateliers De Kahankro
ANADER	: Agence Nationale d'Appui au Développement Rural
AOF	: Afrique Occidentale Française
ARSO	: Autorité pour l'Aménagement de la Région du Sud-Ouest
AVCD	: Association Villageoise de Conservation et de Développement
BTA	: Bois Tropicaux d'Afrique
CAMR	: Cellule d'Appui aux Mesures Riveraines
CCC	: Conseil de Coordination de la Conservation
CEDEAO	: Communauté Economique des États de l'Afrique de l'Ouest
CGL	: Comité de Gestion Locale
CGP	: Conseil de Gouvernance du Parc
CHC	: Compagnie Hévéïcole du Cavally
CIBB	: Complexe Industriel des Bois de Buyo
CLC	: Comités Locaux de Conservation
CLD	: Comités Locaux de Développement
CMR	: Centre des Métiers Ruraux
COD	: Comité d'Orientation et de Décision
CPE	: Communication de Participation et d'Engagement
CRE	: Centre de Recherches en Écologie
CSRS	: Centre Suisse de Recherche Scientifique
CTC	: Comités Techniques de Collaboration
DCGT	: Direction Centrale des Grands Travaux
DZSO	: Direction Zone Sud-Ouest
ECCC	: Éducation et Communication pour le Changement des Comportements
FCC	: Fonds de Collaboration pour la Conservation
FFEM	: Fonds Français pour l'Environnement Mondial
FISDES	: Fonds Ivoiro-Suisse pour le Développement Economique et Social
FLD	: Fonds de Développement Local
FPRCI	: Fondation pour les Parcs et Réserves de Côte d'Ivoire

GDRN	: Division Gestion Durable des Ressources Naturelles
GIZ	: Gesellschaft für Internationale Zusammenarbeit (Société de Coopération Internationale)
GPBV	: Groupement des Protecteurs de la Barrière Verte
GPS	: Global Positioning System
GSDI	: Grumes Sciages Déroulés Ivoiriens
GTZ	: Deutsche Gesellscfaft für Technische Zusammenarbeit (Coopération Technique Allemande) / Banque nationale allemande pour le développement)
ICRAF	: Centre International de Recherche en Agroforesterie
IEC	: Information, Éducation et Communication
IET	: Institut d'Écologie Tropicale
IGD	: Initiative For Global Development
IKA	: Indice Kilométrique d'Abondance
IRD	: Institut de Recherche pour le Développement
ITS	: Impôts sur les Traitements et Salaires
KfW	: Kreditanstalt für Wiederaufbau /Établissement de crédit pour la reconstruction
LBSP	: Les Bois de San Pedro
MATA	: Mission d'Assistance Technique Allemande
MINEDDTE	: Ministère de l'Environnement, du Développement Durable et de la Transition Ecologique
MINEFOR	: Ministère des Eaux et Forêts
NEFBA	: Nouvelle Exploitation Forestière des Bois d'Afrique
NSD	: Nouvelle Scierie d'Agnibilékrou SA
OIPR	: Office Ivoirien des Parcs et Réserves
ONG	: Organisation Non Gouvernementale
ORSTOM	: Office de la Recherche Scientifique et Technique Outre-Mer
PACCS	: Projet d'Adaptation au Changement Climatique et de Stabilisation
PACPNT	: Projet Autonome d'Appui à la Conservation du Parc National de Taï
PAG	: Plan d'Aménagement et de Gestion
PALMCI	: Palmier à huile de Côte d'Ivoire

PDI	: Plan de Développement Intégré
PGI	: Plan de Gestion Intégré
PIB	: Produits Intérieur Brut
PNT	: Parc National de Taï
PPP	: Partenariat Public-Privé
PRODEMIR	: Programme de Développement Economique en Milieu Rural
PROFIAB	: Programme Développement des Espaces Economiques et Naturels Taï et Comoé
RAMSAR	: Convention Africaine sur la Conservation des Ressources Naturelles
RGPH	: Recensement Général de la Population et de l'Habitat
SAPH	: Société Africaine des Plantations d'Hévéa
SEBSO	: Société d'Exploitation du Bois du Sud-Est
SGB	: Société Générale de Banque
SIBD	: Société Industrielle de Bois et Débites
SIFPA	: Société Ivoiro-Française Partenaire
SIS	: Société Ivoirienne de Sécurité
SMSP	: Santé Mentale, Soutien Psychosocial
SOFIBOIS	: Société Forestière Ivoirienne des Bois
SOGB	: Société des caoutchoucs de Grand-Béréby
SPE	: Stratégies de Participation et d'Engagement
SRADT	: Schéma Régional d'Aménagement et de Développement du Territoire
STBC	: Société de Transformation des Bois du Cavally
STET	: Société Tunisienne d'Études et de Travaux
TIC	: Technologies de l'Information et de la Communication
UAO	: Université Alassane Ouattara
UAVCD	: Union des Associations Villageoises de Conservation et de Développement
UFHB	: Université Félix Houphouët-Boigny
UJLoG	: Universités Jean Lorougnon GUEDE
UNA	: Université Nangui Abrogoua
UNESCO	: United Nations Educational Scientific and Organization / Organisation des Nations Unies pour l'Éducation, la Science et la Culture

WCF	: Wild Chimpanzee Foundation / Fondation pour les Chimpanzés Sauvages
WWF	: World Wide Fund for Nature/Fonds mondial pour la nature
YVEO	: Yacoli Village Ecole Ouverte
ZOC	: Zones d'Occupation Contrôlées

Introduction

Selon l'Union Internationale pour la Conservation de la Nature, un tiers des terres est aujourd'hui dégradé ou en voie de dégradation, ce qui nuit à la biodiversité et met en péril des services écosystémiques essentiels tels que le stockage de carbone. Les aires protégées constituent une solution pour préserver ces écosystèmes en voie de disparition. (UICN, 2024). Il existe plus de 200 000 aires protégées sur Terre, couvrant plus de 32 millions de km, réparties dans 195 pays. Pourtant, elles ne représentent que 13% des espaces terrestres et eaux intérieures et moins de 2% des espaces marins et côtiers. Parmi elles, l'UICN dénombre plus de 6 500 parcs nationaux. Cette problématique mondiale trouve ses origines modernes dans la création du premier parc naturel, celui de Yellowstone, aux États-Unis, en 1872[1].

En Afrique, la Convention africaine pour la conservation de la nature et des ressources naturelles, signée à Alger le 15 septembre 1968, a posé les jalons de la conservation des ressources naturelles notamment des aires protégées du continent[2]. L'Article 2 de ladite convention stipule que « *Les États contractants s'engagent à prendre les mesures nécessaires pour assurer la conservation, l'utilisation et le développement des sols des eaux, de la flore et des ressources en faune en se fondant sur les principes scientifiques et en prenant en considération les intérêts de la population* ».

La Côte d'Ivoire, en Afrique de l'Ouest, a hérité d'un patrimoine naturel forestier en bon état à la fin de la colonisation. De 16 millions d'hectares au début du 20ème siècle, une superficie de près de 12 millions d'hectares a été transmise aux nationaux. Cependant, le modèle économique mis en place, basé sur l'exploitation des terres pour les cultures d'exportation comme le cacao, va entraîner un important processus de déforestation. Face à cette tendance défavorable à la conservation des ressources naturelles, l'État ivoirien va accorder un intérêt au classement de certains écosystèmes encore intacts ou au renforcement de leur statut. Ainsi, à l'exception du parc national du

---

1 https://www.parcsnationaux.fr/fr/des-decouvertes/en-france-et-dans-le-monde/les-parcs-nationaux-dans-le-monde

2 Convention africaine pour la conservation de la nature et des ressources naturelles, signée à Alger le 15 septembre 1968 (ratifiée par décret 68-277 du 23 novembre 1968, J.O.HV. du 23 janvier 1969,p.59).

Banco, créé en 1953, toutes les autres aires protégées l'ont été à compter de 1968, avec les parcs nationaux de la Marahoué, de la Comoé et du Mont Péko. Le parc national de Taï suivra en 1972 (Lauginie, 2007).

Dans le réseau actuel d'aires protégées constitué de 8 parcs nationaux et de 10 réserves naturelles[3], le parc national de Taï occupe une place de choix. En effet, « le parc national de Taï est l'un des derniers vestiges du bloc original des forêts denses d'Afrique occidentale » (Lauginie, 2007). Il est le plus grand massif forestier intact de toute l'Afrique de l'Ouest avec ses 5 360 km². Ce parc abrite des espèces floristiques et fauniques endémiques à la zone (OIPR, 2020).

Crée par le Décret n°72-544 du 28 août 1972, l'année 2022 marquait le cinquantenaire du parc national de Taï. Comme dans la vie des organisations, cet âge est un temps idéal pour se pencher sur le passé et se tourner vers l'avenir. Cet ouvrage, intitulé : « ***Le parc national de Taï, 50 ans après.*** *Leçons rétro-prospectives de la gouvernance d'un parc modèle en Côte d'Ivoire* », conduit d'une part, le bilan des 50 ans de création du parc national de Taï. Comment a évolué le parc national de Taï durant ces 50 ans ? Quels sont les modes de gouvernance adoptés ? Quelles sont les stratégies mises en œuvre ? Qui sont les acteurs porteurs de ces politiques et stratégies ? Quels sont les résultats sur la conservation du parc national de Taï ? Quels sont les facteurs de succès du parc national de Taï ? Telles sont les questions soulevées par l'analyse socio-historique des 50 premières années d'existence du parc national de Taï.

D'autre part, cet ouvrage revêt une dimension prospective avec une projection sur les 50 prochaines années du parc national de Taï. En effet, dans cette ère écologique, les parcs nationaux encore intacts comme celui de Taï constituent des biens mondiaux à sauvegarder absolument pour faire face aux effets du changement climatique. Son double statut de Réserve de la Biosphère et de Patrimoine de l'humanité, respectivement en 1978 et 1982, en est le témoignage. Cette ambition mondiale est aussi soutenue par l'État de Côte d'Ivoire qui voit désormais le parc national de Taï comme un instrument de fierté nationale et d'expression de sa capacité à construire et mettre en œuvre des politiques publiques efficaces et à respecter ses engagements internationaux. C'est tout le sens de la portée prospective de cette

[3] https://www.oipr.ci/

recherche qui se projette à l'horizon 2072, soit au centenaire de la création du parc. En somme, cet ouvrage vise à dresser le bilan rétrospectif des 50 années de gouvernance du parc national de Taï afin d'en tirer des leçons pour penser son avenir à l'horizon 2072.

Ce travail est le résultat de vingt-cinq années de recherche sur le parc national de Taï. Il s'est appuyé sur une large revue documentaire consultée durant toutes ces années et complétée par des enquêtes de terrain auprès des administrations successives du parc national de Taï ainsi que des populations situées dans la zone riveraine du parc. Des enquêtes complémentaires réalisées en 2022 et 2023 ont permis de récolter des données récentes du parc pour mettre cet ouvrage au goût du jour.

Au-delà du sujet d'intérêt national et international qu'est la préservation des aires protégées pour ses vertus écologiques, climatiques, voire économiques au regard des liens ombilicaux entre l'économie ivoirienne à base agricole et les conditions agro-climatiques excellentes qu'offre le parc national, cet ouvrage a une spécificité qui est le socle méthodologique de la prospective sur lequel il s'appuie. La littérature sur la prospective est abondante tant au niveau des concepts, des méthodes que des outils (Hatem, 1993 ; De Jouvenel, 2002 ; Godet, 2006 ; Durance, 2014 ; Koby et Kouassi, 2023). On peut néanmoins retenir ces trois essais de définitions :

- « La prospective, c'est un regard sur l'avenir destiné à éclairer *l'action présente » (Hatem, 1993) ;*

- *« Ni prophétie ni prévision – concept théologique réservé à la connaissance que seul Dieu aurait de l'avenir, disait Voltaire – la prospective n'a pas pour objet de pré-dire l'avenir – de nous le dévoiler comme s'il s'agissait d'une chose déjà faite – mais de nous aider à le construire. Elle nous invite donc à le considérer comme à faire, à bâtir, plutôt que comme quelque chose qui serait déjà décidé et dont il conviendrait seulement de percer le mystère » (De Jouvenel, 2002) ;*

- *« La prospective, c'est éclairer l'action présente à la lumière des futurs possibles et souhaitables » (Godet, 2006).*

Ces définitions ont le mérite de mettre en lumière la prospective en tant que discours, méthode et outil d'éclairage de la décision publique (Bailly, 1998 ; Durance, 2014). L'une des valeurs ajoutées de l'approche prospective comparativement à la méthode dite classique est la capacité d'imaginer les avenirs possibles d'une organisation sur la base des ingrédients du futur (Godet, 2006). Ainsi, la méthode des scénarios est l'une des plus utilisées en prospective. Elle aborde les deux (2) grands temps de l'analyse prospective, à savoir le passé auquel se confond rapidement le présent ainsi que le futur. En d'autres termes, la rétrospective et la prospective sont les deux (2) grandes phases de la démarche prospective.

La rétrospective a pour objet d'analyser le temps long passé pour comprendre comment le système ou l'organisation est parvenu à la situation actuelle (Futurs Africains, 2001). Les produits de la rétrospective sont les tendances lourdes, les faits porteurs d'avenir, les invariants, les incertitudes, les forces, les faiblesses, les menaces et les opportunités qui constituent la matrice d'intelligence stratégique (Koby et Kouassi, 2023). Ces éléments de la « toile de fond » sont les principaux matériaux qui ont servi à l'exploration du futur pour analyser ce qui pourrait advenir à l'horizon de l'étude. Les scénarios construits ne sont pas la réalité future, mais des images de se la représenter. Leur valeur est d'éclairer la prise de décision dans la formulation des politiques publiques plus robustes et efficaces. Enfin, les pistes d'action sont proposées pour orienter la prise de décision.

Ainsi, face aux cinq (5) questions de la prospective que sont : qui suis-je ? que peut-il advenir ? que puis-je faire ? que vais-je faire ? et, comment le faire ? (Godet, 2006), cette recherche aborde les trois (3) premières. Ainsi, cet ouvrage est structuré en trois (3) parties.

La première partie présente le parc national de Taï comme un géosystème constitué d'éléments naturels ayant présidé à sa création et d'un milieu humain ambiant environnant. Il ressort que le parc national de Taï est un joyau écologique d'envergure mondiale qui fait face à un environnement très humanisé.

La deuxième partie aborde la rétrospective qui s'achève sur un audit territorial du parc national de Taï. Ainsi, les stratégies mises en œuvre durant les 50 premières années de création du parc sont analysées. Un clin d'œil est fait à la période coloniale pour un regard comparatif entre les stratégies coloniales de protection de la nature et celles de la période postcoloniale. Les résultats de cette partie témoignent de l'efficacité des politiques et stratégies expérimentées dans le parc national de Taï. Si les vingt premières années peuvent être considérées de douloureuses au vu de la tendance de dégradation qui a suscité le cri d'alarme de Bonny Kouadio (Bonny, 1989), les trente dernières peuvent être qualifiées de glorieuses, car les belles pages du parc national de Taï, à cette date, ont été écrites durant cette phase. Grâce à des stratégies vigoureuses soutenues par les importants concours techniques et financiers internationaux, le parc national de Taï est dans un bon état de conservation.

La troisième partie explore les 50 prochaines années du parc national de Taï. Si la tendance en cours augure d'un avenir rassurant, il faut éviter de dormir sur ses lauriers, car l'avenir est domaine d'incertitude (De Jouvenel, 2002). Rien n'est définitivement acquis ! Il faut donc poursuivre les efforts jusque-là engagés et opérer les réformes nécessaires pour aller durablement vers le futur souhaité du parc national de Taï à l'horizon 2072.

Cet ouvrage est donc un bel exemple de l'application de la méthode prospective dans le domaine des aires protégées en vue d'éclairer la prise de décision à l'aune des futurs possibles, souhaitables et souhaités.

Partie 1
LE PARC NATIONAL DE TAÏ, UNE AIRE PROTÉGÉE RICHE ET DYNAMIQUE

Introduction

Cet ouvrage est un exercice de géographie prospective. Ainsi, il emprunte aux deux disciplines tant par leurs concepts, méthodes qu'outils.

En géographie, l'espace constitue l'objet d'étude. Ainsi, toute réflexion dénuée de l'espace est donc considérée comme a-spatiale. La recherche géographique part donc d'un espace qui permet de donner des éléments de réponse à la cruciale question géographique, à savoir le **où ?** Dans le même sens, l'objet d'étude de la prospective est l'avenir. L'exploration de l'avenir qui est le but de la prospective part d'une question de départ, fondamentale en prospective qui est : **qui suis-je ?** La conjugaison de ces deux questions géo-prospectives est l'essence de cette première partie de notre recherche.

Le parc national de Taï, en Côte d'Ivoire, objet de cette étude, est un espace géographique qui a ses spécificités naturelles et humaines, le distinguant des autres aires protégées du pays, voire d'ailleurs. La connaissance du parc national de Taï est donc le point de départ de cet exercice. Pour le réussir, notre approche est géosystémique suivant la densité des rapports qui structurent ce site d'étude. En géographie, un géosystème est une organisation spatiale perçue comme un système global intégrant des facteurs du milieu naturel et ceux du milieu humain. Le parc national de Taï est, ici, vu comme un géosystème constitué d'un milieu naturel riche à conserver dans un environnement de proximité dynamique fortement humanisé qui est hostile à leur existence.

Cette partie vise à construire une représentation du système du parc de Taï en montrant ses spécificités naturelles et humaines qui ont conduit à sa création et qui font, jusque-là, sa fierté.

Chapitre 1
Le parc national de Taï, un milieu naturel aux riches potentialités

Introduction

Le Parc national de Taï (PNT) constitue un bloc forestier qui couvre une superficie de 536 016 ha. Ce complexe fait partie du réseau des aires protégées de Côte d'Ivoire, dont il représente 25% de la superficie totale. Il est situé au sud-ouest de la Côte d'Ivoire dans l'interfluve Cavally-Sassandra entre les latitudes 5°08' et 6°24' Nord et les longitudes 6°47' et 7°25' Ouest. Selon le dernier découpage administratif de 2013, le PNT s'étend sur trois (3) Régions, à savoir le Cavally, la Nawa et San Pedro, six (6) Départements que sont Guiglo, Taï, Buyo, Méagui, San Pedro et Tabou et onze (11) Sous-préfectures (Guiglo, Nizahon, Taï, Zagné, Buyo, Dapéoua, Oupoyo, Gnanmangui, Doba, Dogbo et Djouroutou). Ce parc constitue l'un des derniers vestiges importants de la forêt tropicale primaire en Afrique de l'Ouest.

En Côte d'Ivoire, le parc national de Taï est un élément clé de ce qu'il est convenu d'appeler la diagonale écologique du pays, constituée du parc national de la Comoé au nord-est, du parc national de la Marahoué au centre et du parc national de Taï au sud-ouest. Ces 3 parcs donnent un cachet particulier au réseau des parcs et réserves de Côte d'Ivoire, de par leur situation géographique et des écosystèmes qu'ils représentent.

L'objectif de ce chapitre est d'aller à la genèse de la création du parc de Taï et de comprendre les raisons princeps de son classement en parc national à travers ses caractéristiques naturelles.

I.1. Un parc de création ancienne

La genèse du parc national de Taï a été présentée par plusieurs auteurs. Il s'agit, entre autres, de Guillaumet et *al.*, (1984), Vooren (1987), Bousquet (1978), de Rouw (1991), Adom et *al.*, (1990) et Kouassi (2012). Depuis les explorations de Hostains et d'Ollone (1901), Chevalier (1909) et autres, l'importance de ce massif forestier comme réserve de la flore et de la faune a été reconnue. En 1926, le pouvoir colonial créa la Réserve de Faune du Haut-Sassandra, couvrant l'essentiel de la région du Sud-Ouest. Depuis lors, des changements de limites (et de nom) se sont succédé et les Forêts Classées de Taï-Hana, de la Haute Dodo, du Cavally, et la Réserve de Faune de N'Zo furent créés.

Le Parc national de Taï tire son nom de la ville de Taï, localité située entre sa limite ouest et le fleuve Cavally, frontière naturelle de la Côte d'Ivoire avec le Libéria. Il a été créé par l'Arrêté n°2508/AG/11/04/1926 (Riezebos *et al.*, 1994) avec une superficie de 960 000 ha. Après plusieurs évolutions, il devint, par arrêté du 07 août 1956, Réserve intégrale pour la faune et la flore de Taï, dont les parties centrale et sud furent érigées en « Parc national de Taï » par Décret n°72-544 du 28 août 1972 et la partie nord en « Réserve partielle de faune du N'zo » par Décret n°72-545 du 28 août 1972. Les superficies respectives sont alors de 350 000 ha et de 75 000 ha.

En 1973, le parc fut amputé d'une surface de 20 000 hectares au profit de la Réserve de faune du N'zo par Décret n°73-132 du 21 mars 1973. En 1977, une zone périphérique de protection du Parc national de Taï d'une superficie de 96 000 ha est créée à l'ouest et au nord-est par Décret n°77-348 du 03 juin 1977. En 1983, une zone de protection et d'aménagement d'environ 18 000 ha est créée entre le Parc national de Taï et le périmètre papetier par arrêté MINEFOR n°9 du 11 mai 1983. Plus tard, en application de l'article 9 de la Loi 2002-102 du 11 février 2002 relative à la création, à la gestion et au financement des parcs nationaux et réserves naturelles, modifié en son article 2 par la Loi n° 2013-864 du 23 décembre 2013, les deux Décrets suivants ont été pris : Décret n°2018- 495 du 23 mai 2018 portant modification des limites de la Réserve partielle de faune du N'zo en vue de sa réduction au profit du PNT et le Décret n°2018- 496 du 23 mai 2018 portant modification des limites du Parc national de Taï en vue d'étendre sa superficie à la zone périphérique de protection et à une partie de la Réserve de faune du N'zo. Ces deux Décrets fixent définitivement la superficie du Parc national de Taï à 508 186 ha et celle de la Réserve partielle de faune du N'zo à 27 830 ha faisant de ce massif, le plus grand bloc forestier du domaine guinéen sous statut de protection avec une superficie globale de 536 016 ha (selon les Décrets N°2018- 495 et 496 du 23 mai 2018). Le tableau 1 présente les évolutions des limites du complexe forestier Taï.

Tableau 1: Évolution des textes définissant les limites du parc et son statut juridique

Texte	Date	Objet	Surface (ha)
Arrêté n° 2508 AG	16/04/1926	Classement du « Parc Refuge de la région forestière du Moyen Sassandra et du Bas Cavally	960.000
?	08/11/1933	Transformation en « Réserve spéciale de faune » au Congrès International de Londres	
Décret ?	20 /05/1955	Transformation en « Forêt classée de Taï Hana »	
Arrêté n° 4147	31/05/1956	Déclassement partiel	430.000
Arrêté n° 5687	07/08/1956	Création de la « Réserve intégrale pour la Flore et la Faune de Taï »	430.000
Décret n° 72-544	28/08/1972	Création du « Parc national de Taï »	
Décret n° 72-545	28/08/1972	Création de la « Réserve partielle de Faune du N'Zo »	422.000
Décret n° 73-132	21/03/1973	Modification de la limite séparant le parc national de Taï de la réserve partielle de Faune du N'Zo	422.000
Décret n° 77-15	07/01/1977	Extension de la superficie du périmètre Papetier de San Pédro et définition de ses nouvelles limites	
Décret n° 77-348	03/06/0977	Redéfinition des limites du parc national de Taï et création d'une » zone périphérique de protection »	490.000

Arrêté 09/MINEFOR/ DPN/DCDF	11/05/1983	Agrandissement de la « zone de protection et d'aménagement » dans les secteurs du Rapide-Grah et de la Haute-Dodo et intégration de la réserve du N'Zo dans le massif Taï.	536.000
Code domanial	-	Code définissant l'appartenance au domaine public des barrages hydroélectriques et leurs lacs de retenue.	Environ 528.000
Décret n°2018-495 du 23 mai 2018	23/05/2018	Modification des limites de la Réserve partielle de faune du N'Zo en vue de sa réduction au profit du PNT	508 186 ha
Décret n°2018-496 du 23 mai 2018	23/05/2018	Modification des limites du Parc national de Taï en vue d'étendre sa superficie à la zone périphérique de protection et à une partie de la Réserve de faune du N'Zo	

Source : TROPENBOS (1994), OIPR (2006), Kouassi (2012), PAG (2020-2029)

Le parc national de Taï a connu tous les statuts de protection d'une aire : Parc de refuge en 1926, il a été érigé en Réserve (1933, 1956) et en forêt classée en 1955. Une dizaine de textes ont modifié ses limites portant sa superficie de 960 0000 ha en 1926 à 508 000 ha actuellement. Au plan international, grâce aux efforts consentis par sa Direction et ses partenaires de l'époque, le parc national de Taï a été admis au réseau mondial des Réserves de Biosphère en 1978 et inscrit sur la liste des sites naturels du Patrimoine mondial de l'UNESCO en 1982. La planche cartographique 1 qui présente l'évolution des limites du parc national de Taï.

Planche cartographique 1: Évolution des limites et des statuts de protection du parc de Taï

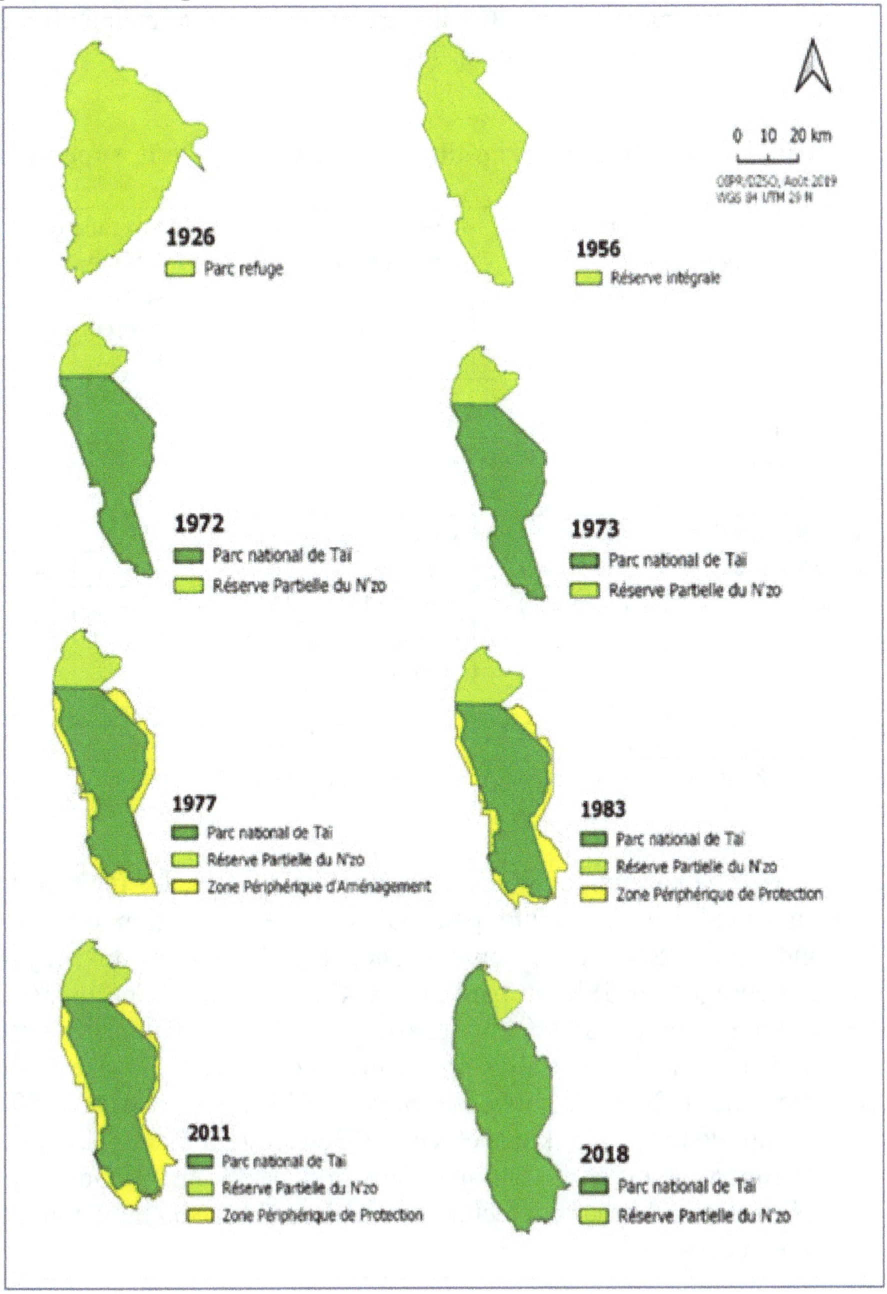

Source : OIPR, 2023

Les limites du parc national de Taï ont connu plusieurs modifications de 1926 à 2018. Cette situation n'est pas sans conséquence sur sa situation géographique. En 2006, le parc national de Taï était à cheval entre deux régions administratives (Tableau 2)

Tableau 2 : Situation géographique et répartition de la superficie du PNT

Région administrative	**Département**	**Sous-préfecture**	**Surface Km²**	**Surface du PNT dans la sous-préfecture**	
				Km²	%
Moyen Cavally ***Chef-lieu : Guiglo***	Guiglo	Taï	4420	2564	58
Bas Sassandra ***Chef-lieu : San Pédro***	Soubré	Buyo	2525	550	22
		Méagui	2400	575	24
	San-Pedro	San-Pedro	4545	650	14
		Grand-Béréby	2365	125	5
	Tabou	Grabo	4290	900	21
Total « Espace Taï »			**20545**	**5364**	**26**

Source : Plan d'aménagement et de gestion du PNT-2006

En 2006, le parc national de Taï était à cheval entre les régions du Moyen Cavally avec Guiglo pour Chef-lieu et la région du Bas-Sassandra avec San Pédro comme Chef-lieu. La région du Moyen Cavally enregistrait 58% du parc contre 42% pour la région du Bas-Sassandra. Il comprenait trois (3) départements, à savoir Guiglo, Soubré et San Pédro et cinq (5) sous-préfectures notamment Taï avec une superficie de 4420 km², suivis de Buyo (2525 km²), Méagui (2400 Km²), San Pédro (4545 km²) et Grand-Béréby (2365km²). La plus grande superficie du parc se trouve dans le département de Guiglo et précisément dans la sous-préfecture de Taï d'où il tire son nom comme l'illustre la carte 1.

Carte 1 : Situation administrative du parc national de Taï en 2006

Ce découpage a connu une modification depuis 2012, comme présenté dans le tableau 2 ci-dessous.

Tableau 3 : Découpage administratif du parc national de Taï depuis 2012

Localisation	Régions	Départements	Sous-préfectures
Est	Nawa	Méagui	Méagui, Oupoyo, Gnanmangui
Ouest	San Pedro	Tabou	Djouroutou
	Cavally	Guiglo	Guiglo, Nizahon (V16)
		Taï	Taï, Zagné
Nord	Nawa	Buyo	Buyo, Dapéoua
Sud	San Pedro	San Pedro	Dogbo, Doba

Plan d'Aménagement et de Gestion du PNT-2014-2018

Depuis 2012, le parc s'étend sur trois (3) Régions (Cavally, Nawa et San Pedro), comme présenté sur la carte 2.

Carte 2 : Localisation administrative du parc de Taï depuis 2012

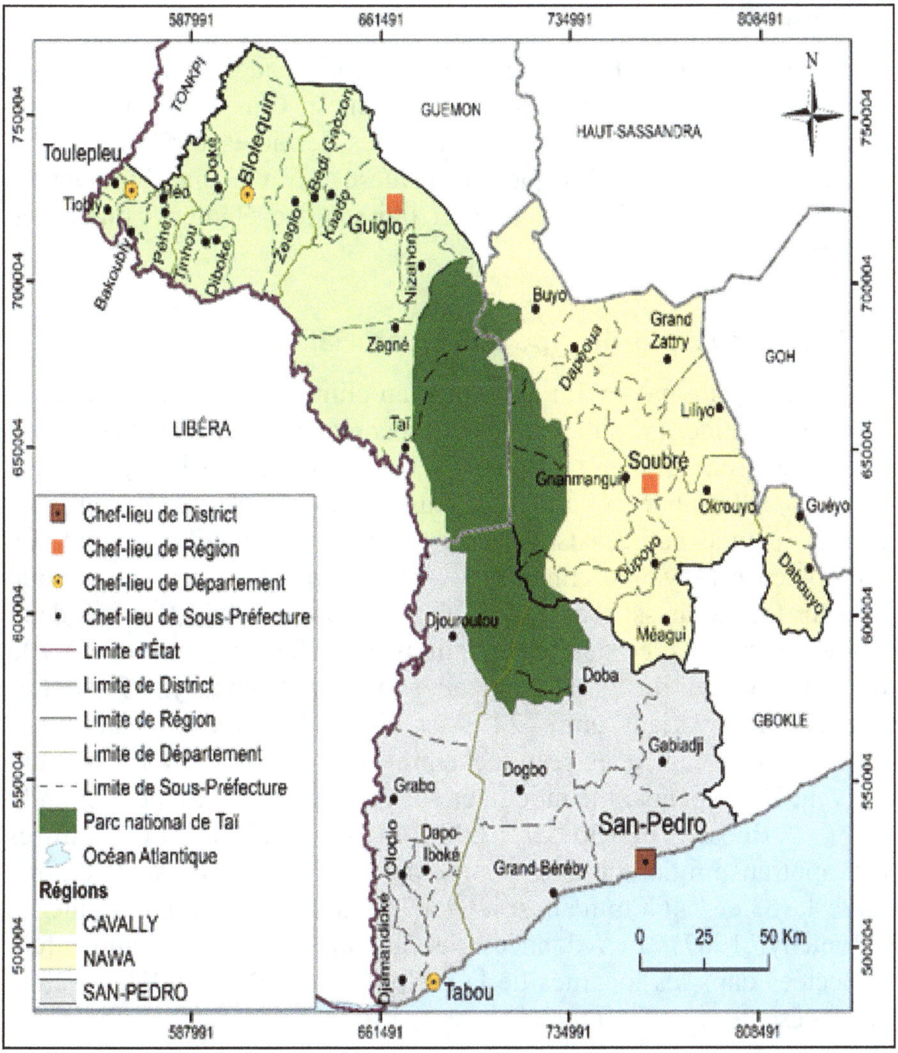

Le parc national de Taï, dans cette nouvelle configuration, s'étend sur six (6) Départements (Guiglo, Taï, Buyo, Méagui, San Pedro et Tabou) et couvre onze (11) Sous-préfectures (Guiglo, Nizahon, Taï, Zagné, Buyo, Dapéoua, Oupoyo, Gnanmangui, Doba, Dogbo et Djouroutou).

I.2. Un parc aux spécificités naturelles riches et abondantes

Le parc national de Taï est un joyau écologique reconnu pour ses spécificités naturelles riches et abondantes. Classé au patrimoine mondial de l'UNESCO, il abrite l'une des dernières forêts tropicales humides primaires d'Afrique de l'Ouest, offrant une biodiversité exceptionnelle. Ainsi, cette section traitera des éléments du milieu naturel de ce parc.

I.2.1. Un climat de type subéquatorial

Le Parc National de Taï appartient au climat de type subéquatorial, chaud et humide sur toute l'année. Il est caractérisé par deux (2) saisons des pluies : une grande (de mars à juin) et une petite (de septembre à octobre). Elles alternent avec une grande saison sèche (de décembre à février) et une petite saison sèche qui s'étend de juillet à août. La pluviométrie moyenne annuelle est généralement supérieure à 1 600 mm sur tout le massif entre 1950 et 1999 (Brou, 2005). Il existe deux zones distinctes avec des précipitations annuelles moyennes de 1 700 mm au nord et de 2 200 mm au sud (Van Rompaey, 1994). Les températures varient entre 24°C et 27°C. L'humidité relative est constamment élevée et se situe entre 85% et 90%, pour atteindre souvent 100% pendant la nuit ou en saison pluvieuse (Hoppe-Dominik, 1997 ; Boesch et Boesch, 2000 ; Brou, 2005). Les chiffres d'évapotranspiration obtenus pour le parc national de Taï sont compris entre 1 363 et 1 465 mm/an, soit 69 à 73% des précipitations annuelles (Monteny, 1987). Les données de pluviométrie et de température collectées dans les localités de la périphérie du PNT de 2006 à 2023 sont présentées sur la figure 4.

Figure 1: Diagramme ombro-thermique de l'espace Taï de 2006 à 2023

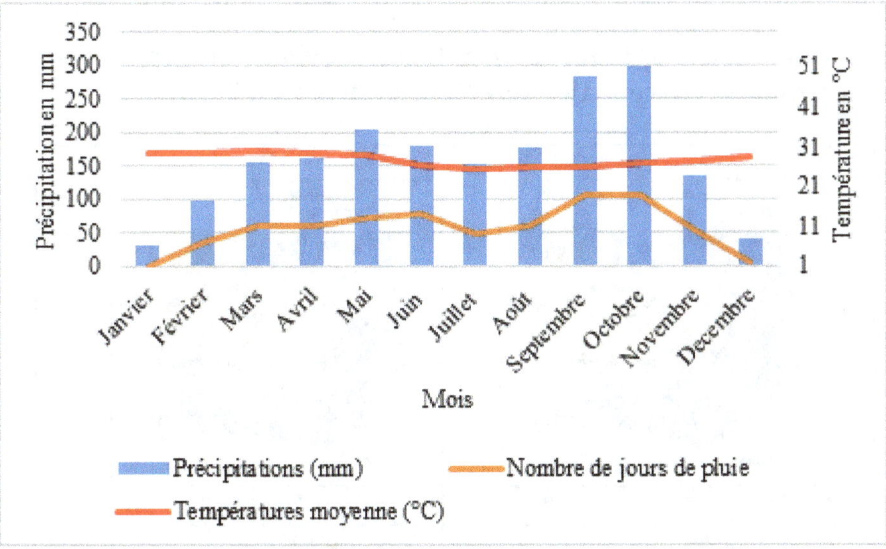

Source : SODEXAM, 2023

Au regard du diagramme ombro-thermique, le parc national de Taï enregistre deux mois de saison sèche (décembre et janvier), avec des déficits hydriques, puis une baisse de la pluviométrie en août. Les mois les plus pluvieux sont Septembre et Octobre. Ces mois affichent respectivement 19 jours de pluie alors que les mois de Janvier et Décembre en dénombre 1 chacun. Toutefois, les analyses réalisées par Brou (2010) sur les séries de pluviosité de la Côte d'Ivoire, couvrant la période 1950-1999 traduisent clairement une tendance à la baisse à partir des années 1970, tant à l'échelle nationale que régionale. Le maximum régional de précipitations est observé vers Tabou et Grabo avec une moyenne de 2300 mm/an. Mais, un gradient pluviométrique décroissant est observé du Sud-Ouest du parc (Tabou - Grabo) vers le Nord-Est (Soubré - Buyo) passant de 2.100 mm à 1.600 mm. Le déficit hydrique cumulé qui, dans les années cinquante, était compris entre 100 mm au Sud-Ouest du parc et 300 mm au Nord-Est, a connu une augmentation de 50 à 100 mm sur les trente-cinq dernières années, soit une hausse relative par rapport à celle observée dans d'autres régions de cette même zone bioclimatique. Quant aux températures moyennes annuelles, elles varient entre 24,5° C au Nord et 30 ° C au Sud. La planche cartographique qui suit présente l'évolution de la pluviométrie de 1950 à 2019.

Planche cartographique 2: Hauteurs pluviométriques moyennes interannuelles décennales de 1950 à 1999 (Brou, 2010)

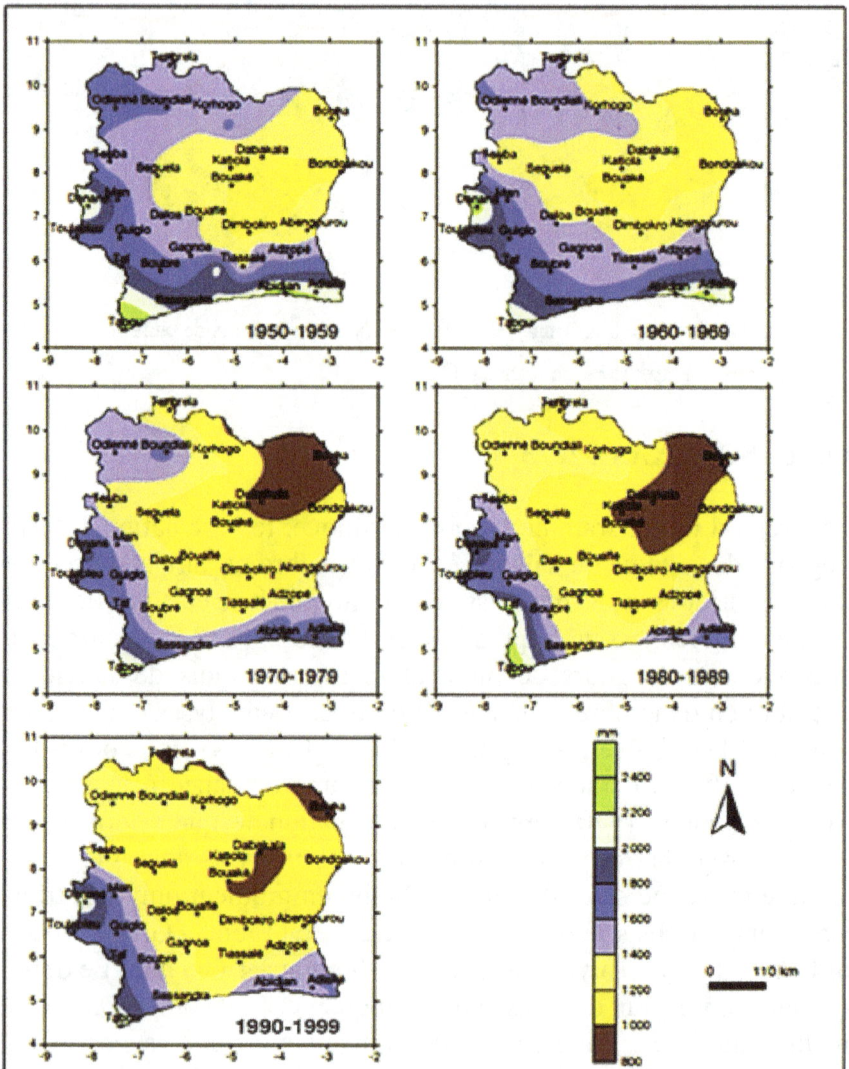

On peut aisément observer une régression continue des quantités pluviométriques sur l'ensemble du territoire, y compris dans la zone de Taï même si là, elles se maintiennent toujours entre 1400mm et 2000 mm en raison de la présence du massif forestier du parc de Taï.

I.2.2 Un réseau hydrographique dense

Le Massif de Taï, suffisamment drainé, est soumis au régime équatorial de transition avec deux (2) périodes de hautes eaux en Juin-Juillet et Octobre-Novembre. Les débits connaissent un affaiblissement en Août-Septembre et les étiages sont relativement marqués en Février-Mars. Le parc appartient à deux (2) grands bassins versants et deux (2) bassins de petits fleuves côtiers (Carte 2).

Carte 2: Réseau hydrographique du PNT

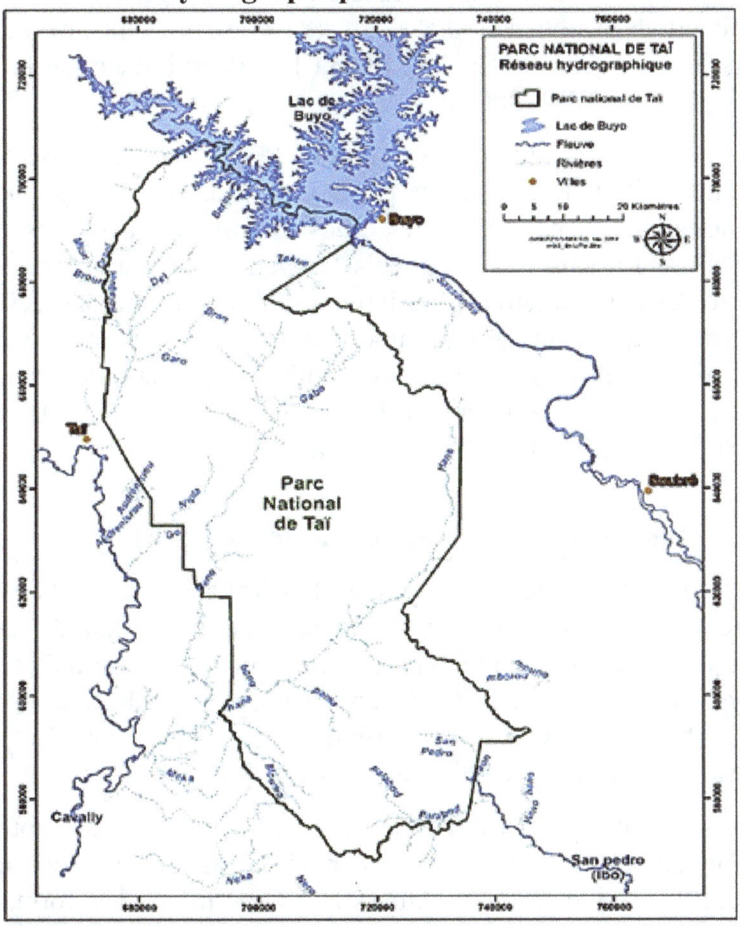

Source : BNEDT CCT, 2012
Réalisation : Koffi Léonce, 2024

La carte 2 montre que le nord du parc est drainé par des affluents du Sassandra ou du N'zo dans une direction Nord/Nord-Est. Le barrage hydroélectrique de Buyo construit en 1981 est situé à la limite Nord du massif de Taï, à quatre kilomètres en aval du confluent du N'zo et du Sassandra. S'agissant du bassin du Cavally, le parc est drainé pour 80% de sa surface par certains de ses cours d'eau dont le principal est la rivière Hana, dans une direction Nord-Sud à l'Ouest du parc. Avec ses affluents que sont la Méno et la Moumo, ces cours d'eau occupent la diagonale du massif du Nord-Est au Sud-Ouest. Au Nord-Ouest et à l'Ouest, coulent la N'sé et l'Audrénisrou. Le parc national de Taï qui occupe environ 15% de l'ensemble du bassin du Cavally couvre 3.310 km² sur les 4.300 du bassin de la Hana, soit 77%. S'agissant des bassins des petits fleuves côtiers, 10.5% du parc appartiennent aux bassins versants du San Pedro avec son affluent le Palabod ainsi que la Néro (Kouassi, 2002 ; OIPR, 2006).

Le réseau hydrographique est dense, le régime des rivières est relativement régulier et entretenu par le massif du parc. En période de pluies, les débits sont forts et les crues importantes avec des zones d'inondation. En saison sèche, seuls les petits cours d'eau tarissent. L'analyse des paramètres physico-chimiques et biologiques des écosystèmes aquatiques indique une bonne qualité des eaux du Parc national de Taï en dépit de traces de pollution perceptibles dans des zones mitoyennes, notamment au Point O sur la Hana et à ADK sur la Zakoué (Grell et *al.*, 2012 ; Diarrassouba, 2014).

1.2.3. Des caractères oro-pédologiques riches

Les formations géologiques du massif de Taï appartiennent au socle primaire précambrien et correspondent aux deux grands cycles orogéniques successifs libérien et éburnéen. Les formations du mégacycle libérien s'étendent au Nord-Ouest et au Sud-Est du massif. Elles sont dominées par des migmatites avec, dans la partie septentrionale, des gneiss à biotite et des granitoïdes.

Avec sa pointe sud-ouest à Grabo et en remontant vers le nord-est, l'unité métamorphique éburnéenne appelée « Hana-Lobo » prend en écharpe la partie centrale du massif. Y dominent des formations flyschoïdes : micaschistes à biotite et muscovite en bordure, schistes sériciteux et chloriteux, gréseux et quartzeux au centre. À proximité du Sassandra et sur seulement 3 à 4 km de large se trouve une bande de tufs, rhyolites métamorphiques et amphibolites, formation dite de « Buyo-Guessabo ».

Le parc appartient aux bas pays intérieurs. La topographie est constituée d'une succession de collines de faibles altitudes, de vallonnements, de mamelonnements où les interfluves sont caractérisés par des plateaux mal élaborés à modèles très accidentés qui s'élèvent entre 150 et 200 m (carte 3).

Carte 3: Carte du relief de l'espace Taï

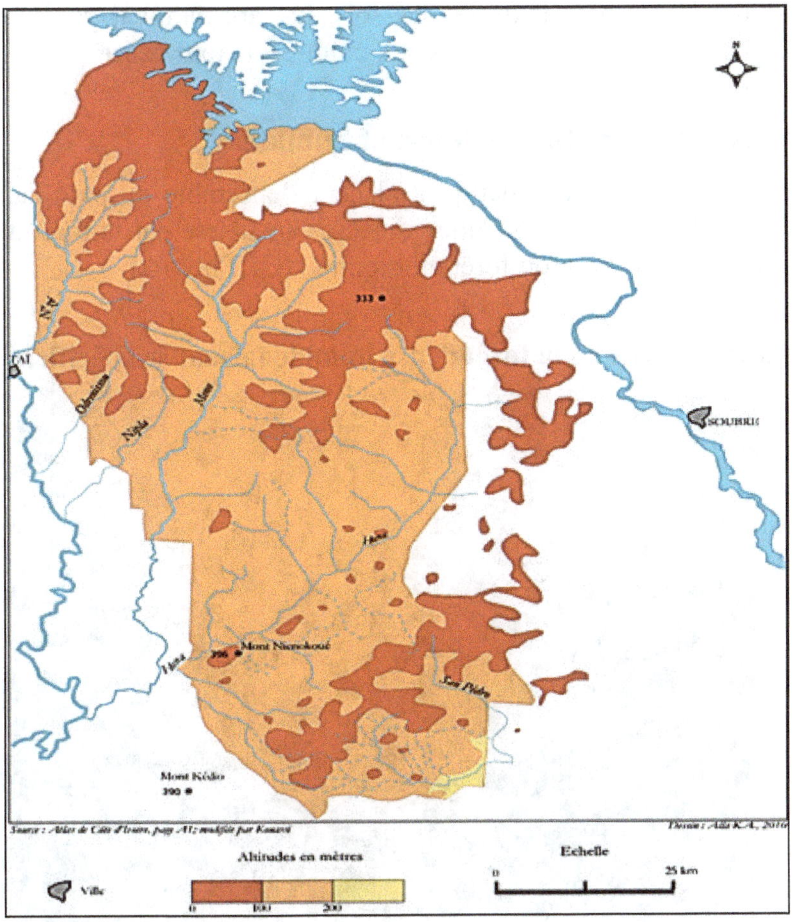

Source : BNET CCT, 2012
Réalisation : Koffi Léonce, 2024

L'ensemble de la zone est compris entre 80 m et 396 m comme point culminant au Mont Nienokoué (Kouassi, 2002). Les bas-fonds sont plats, larges de 100 à 150 m, marécageux et de pente longitudinale faible (Collinet & al., 1984). La monotonie générale est à peine interrompue dans toute la région Sud de la basse Hana par un relief particulier avec notamment : le Mont Niénokoué situé en plein massif forestier vers le confluent de la Hana et du Méno qui culmine à 396 m ; la chaîne de Grabo alignée selon la direction Sud-ouest Nord-est, longue de 50 km et large de 2 km domine la plaine environnante.

Au niveau pédologique, les sols sont fortement remaniés et ferralitiques fortement désaturés, de type « remanié modal » au nord de la Hana, ou de type « faiblement rajeuni » au sud (Perraud, 1971 in Blokhuis, 1992). Les textures des sols du parc national de Taï sont généralement fertiles et propices aux cultures de tout genre.

1.2.4. Une végétation dense et humide

Les conditions écoclimatiques placent l'ensemble du parc dans le secteur ombrophile du domaine guinéen, caractérisé par la forêt dense humide sempervirente ou forêt ombrophile (Cf. Photo 2).

Photo 1: Une vue de la forêt dense humide faisant sa spécificité

Source : OIPR, 2023

Il appartient au bloc forestier guinéen qui représente l'un des centres d'endémisme les plus importants d'Afrique du fait de sa situation géographique. Les nombreux travaux scientifiques relatifs à la flore du parc national de Taï et à sa périphérie auxquels fait référence TROPENBOS (1994)[4] y distinguent deux grands types de formations forestières sempervirentes :la forêt hyper humide à « *Diospyros spp.et Mapania spp.* » ou forêt pélohygrophile qui recouvre l'Ouest, le Sud, le long de la Hana ainsi que le Nord-Est du massif. Ce type de forêt connaît la plus importante diversité floristique de tous les groupements forestiers ivoiriens. La forêt sempervirente à « *Eremospatha macrocarpa et Diospyros mannii* » occupe le Nord-Ouest, le Nord et le Sud-Est du parc national de Taï.

À côté de ces deux grandes formations forestières, il existe d'autres groupements particuliers qui sont liés aux conditions édaphiques. Il s'agit des forêts sur sols hydromorphes, de la végétation de rochers découverts localisées au Mont Niénokoué, de la végétation aquatique présente dans les cours d'eau permanents et dans les eaux du barrage de Buyo et enfin des formations végétales anthropiques qui sont le résultat des activités agricoles des populations dans la zone de Djapadji, de Walèbo et de Sarakadji à l'Est du parc. Au-delà de cette typologie, la végétation du parc national de Taï a connu des évolutions dans le temps.

À l'échelle régionale, les zones forestières non soumises à l'agriculture représentaient en 1955, 85% du département de San Pedro, 80% de celui de Tabou, 76% de celui de Soubré et 74% de celui de Guiglo, soit une moyenne régionale de 78% (ORSTOM, 1965). Mais, trente-cinq années plus tard, c'est-à-dire en 1990, le couvert forestier, sous la pression des activités agricoles, a connu une sévère régression comme en témoignent les résultats du tableau 4.

[4] Ce document de synthèse de la littérature scientifique du parc national de Taï fait référence dans les domaines de la flore et de la faune aux travaux de Chevalier, 1906 ; Aubreville, 1937 ; Adjanohoun, 1964 ; Guillaumet, 1967 ; Aké, 1975 ; Schell, 1976 ; Huttel, 1977 ; Roth *et al.*, 1979.

Tableau 4 : Situation de la forêt dans la zone du parc en 1990

Département Surfaces en Km²	**Domaine forestier permanent** *FC*			**PNT**			**Domaine rural**			**Total**		
	Total	*F›90 %*	*%*	**Total**	**F›90 %**	**%**	Total	F›90 %	%	Total	F›90 %	%
Guiglo	2.989	2.020	68	2.444	2.335	96	5.759	26	0	11.192	4.381	39
Tabou	1.685	645	38	1.030	1.025	100	3.197	234	7	5.912	1.904	32
San-Pedro	3.537	328	9	741	719	97	2.632	0	0	6.910	1.047	15
Soubré	397	39	10	1.086	1.006	93	6.889	18	0	8.372	1.063	13
TOTAL	**8.608**	**3.032**	**35**	**5.301**	**5.085**	**96**	**18.477**	**278**	**2**	**32.386**	**8.395**	**26**

Source : Plan d'Aménagement et de Gestion du PNT- Mars 2006

Les forêts classées concernées sont celles du Cavally, de Cavally-Mont-Sainte, de Duékoué, de Goin-Débé, de Goulaleu, de la Haute Dodo, de Monogaga des Monts Kourabahi, de la Niégré, de la Nonoua, du Rapide-Grah, de Scio et de Soubré (déclassée). Selon le Bilan forestier (DCGT, 1993), le massif protégé de Taï comprenant le parc et la réserve recouvrait en 1990, 60% des surfaces forestières denses pour les quatre départements. Mais, une analyse sectorielle des données du tableau indique un écart des taux de boisement entre les départements de la rive Ouest du parc, à savoir Guiglo et Tabou et ceux de la rive Est représentés par San Pedro et Soubré. La déforestation a plus atteint la dernière rive, car le taux moyen de zones occupées à plus de 90% par la forêt est de 36.5% à l'Ouest contre 14% à l'Est. En ce qui concerne la mise en parallèle de l'occupation du sol dans le domaine forestier permanent de l'État, la comparaison des taux de conservation révèle une meilleure conservation de l'aire protégée de Taï qui, en 1990, était déjà préservée à près de 90% contre les forêts classées qui connaissaient une dégradation très prononcée.

Le tableau 5 présente la dynamique observée dans l'occupation du sol dans l'espace Taï entre 1990 et 1993.

Tableau 5 : Situation de l'occupation du sol dans l'ensemble du domaine forestier permanent de l'État dans l'« Espace Taï » entre 1990 et 1993

Parc ou réserve	Surface totale (ha)	Forêt dense		Forêt ouverte		Culture et jachères		
		ha	**%**	**ha**	**%**	**ha**	**%**	
PNT N'Zo	457.261 70.727	406.220 54.460	88.8 68.8	45.136 15.347	9.9 19.4	5.905 920	1.3 1.2	
Sous-total	**527.988**	**460.680**	**87.3**	**60.483**	**11.5**	**6.825**	**1.2**	
Forêt classée	**Surface totale (ha)**	**Forêt dense**		**Mosaïque Forêt culture**		**Culture et jachères**		**E : eau I : inselberg**
		ha	**%**	**ha**	**%**	**ha**	**%**	
Haute Dodo Rapide- Grah Cavally Goin- Débé	170.053 264.600 68.500 130.800	72.549 7.810 67.800 85.100	42.7 3.0 99.0 65.1	62.549 109.840 0 13.200	36.8 41.5 0.0 10.1	34.955 146.250 0 32.300	20.5 55.3 0.0 24.7	0 E 700 I 700 I 200
Sous-total	**633.953**	**233.259**	**36.8**	**185.589**	**29.3**	**213.505**	**33.7**	**1.600**
TOTAL	**1.161.941**	**693.939**	**59.7**	**246.072**	**21.2**	**220.330**	**19.0**	**1.600**

Source : Plan d'aménagement et de gestion du PNT- Mars 2006

En dehors de la forêt classée du Cavally qui connaît une exceptionnelle belle conservation, toutes les autres forêts classées de l'espace Taï sont fortement ouvertes à l'image de celle de Rapide Grah qui ne possédait en 1993 que 7810 ha sur une superficie totale de 264.600 ha, soit 3% de la couverture végétale. D'après les données du tableau, il apparaît que c'est certainement le statut d'aire protégée 'sensu stricto' qui a permis l'état de conservation actuelle du parc.

Les résultats d'interprétations d'images satellites du PNT réalisées par Schweter (2017) confirment le maintien du couvert forestier avec une superficie de 523 641 ha, soit 97,7% de la superficie totale de l'aire protégée contre seulement 12 377 ha (2,3%) de surface de non-forêt dont 0,7% sont constitués des zones anciennement occupées par les plantations de café et de cacao. Ces résultats confirment l'état exceptionnel de préservation du couvert végétal du PNT.

En effet, la zone récupérée entièrement entre 2012 et 2015 fait l'objet d'une surveillance permanente et d'un suivi scientifique de la régénération naturelle. Les résultats préliminaires de ce suivi soutiennent une bonne reprise du couvert végétal (Bakayoko et al., 2018) (tableau 6).

Tableau 6 : État du couvert forestier du parc national de Taï en 2017

Catégorie	Superficie (ha)	Proportion (%)
Forêt intacte	521679	97,32
Forêt dégradée et secondaire	1962	0,37
Total forêt	**523641**	**97,69**
Cultures / bas-fonds	267	0,05
Habitation	61	0,01
Sol nu	81	0,02
Orpaillage	32	0,01
Surfaces récupérées	3977	0,74
Total non-forêts artificielles	**4418**	**0,82**
Surfaces d'eau	7895	1,47
Roches et sol nu	65	0,01
Total non-forêts naturelles	**7960**	**1,49**
TOTAL PNT	**536018**	**100**

Source : Schweter, 2017

Le parc national de Taï couvrait en 2017, 521679 hectares, soit 97,32% de forêts intactes contre 1962 hectares (0,37%) de forêts dégradées ; 4418 hectares (0,82) de non-forêts artificielles et 7960 hectares (1,49%) de non-forêts naturelles.

Ainsi, situés dans la zone de hotspots d'endémisme guinéo-soudanien, le parc et sa zone périphérique offrent une biodiversité particulièrement intéressante avec des espèces typiques des reliques de forêts primaires et des ressources génétiques importantes qui restent à découvrir. Le nombre d'espèces de plantes vasculaires a été estimé à 1 200 avec 273 espèces classifiées comme rares ou endémiques (Van Rompaey et *al.,* 2001). Parmi ces espèces, Adou Yao et *al.* (2002) indiquent que 73 ont un grand intérêt pour la conservation des forêts d'où l'importance du PNT en tant que réservoir d'une biodiversité unique de la sous-région ouest-africaine. Des études complémentaires réalisées par Adou Yao (2005) estiment le nombre d'espèces de plantes vasculaires à 1 231 et que le nombre réel pourrait se situer entre 1500 et 2000.

1.2.5. Une faune riche et diversifiée

L'étendue de l'aire protégée et le caractère luxuriant de sa végétation n'ont pas encore permis la réalisation d'enquêtes exhaustives pour mieux apprécier la diversité animale du parc. La faune du complexe forestier Taï-Grebo-Sapo du bloc ivoiro-libérien auquel appartient le parc national de Taï se caractérise par une grande richesse en espèces et sous-espèces (Allport et *al.,* 1994). Depuis 1998, des observations de la faune du parc sont réalisées dans le cadre du Projet Autonome d'Appui à la Conservation du Parc National de Taï (PACPNT) sur 77 espèces de mammifères, d'oiseaux et de reptiles. Les résultats indiquent que 14 d'entre elles constituent 90% des observations, comme l'indique le tableau 7.

Tableau 7 : Fréquence d'observation de quelques espèces animales du PNT

Secteurs de suivi écologique ***Début des observations***	**Secteur I Sud-Est du PNT** ***Fév. 2000***	**Secteur III Réserve du N'zo** ***1998***	**Secteur IV Station d'écologie** ***Avril 1999***	**Secteur V Site d'écotourisme** ***Mars 1999***	**Total des observat ions**	**%**
Diane	6	549	2308	991	3854	24.8
Colobe bai	1	36	2322	167	2526	16.2
Cercocèbe à collier blanc	3	285	1105	228	1621	10.4
Pétauriste	3	208	832	82	1125	7.2
Grand calao à casque noir	1	282	407	256	946	6.1
Mone	3	418	48	172	641	4.1
Céphalophe de Maxwell	4	152	183	242	581	3.7
Colobe Magistrat	0	140	331	110	581	3.7
Touraco géant	8	316	91	135	550	3.5
Galago de Demidof	30	257	58	113	458	2.9
Pintade à poitrine blanche	0	41	310	98	449	2.9
Calao siffleur	0	89	104	57	250	1.6
Pintade bleue	1	194	3	36	234	1.5
Grand calao à casque jaune	2	148	0	10	160	1.0
Autres espèces observées					1591	10.4
TOTAL	**99**	**3600**	**8575**	**3293**	**15567**	**100.0**

Source : Résultats de la cellule de Suivi écologique (1998-2000)

Il ressort que les primates, bien qu'étant les espèces les plus braconnées, constituent le groupe le mieux étudié. Ces résultats confirment également une relative stabilisation de ces espèces observées par Hoppe-Dominik en 1996 au cours d'une mission d'appui à la cellule de suivi de la faune aux environs de la station d'écologie et du site d'écotourisme de Guiroutou. S'agissant de l'éléphant, il estime sa population résiduelle à une centaine d'individus dans la partie méridionale du massif avec une densité moyenne de 0.07 à 0.42 individu/km², mais qui est relativement revu à la hausse allant de 1.05 à 2.6 individus/km² dans les zones dégradées (Hoppe Dominik, 1996). Quant aux ongulés qui ont été étudiés sur quatre espèces, l'hippopotame pygmée a été évalué à 500 individus, 500 à 1500 individus pour le buffle de forêt, 200 à 500 individus pour l'hylochère et 450 à 1800 individus pour le bongo.

Au niveau des grands mammifères, en 2022, la population de Céphalophe observée dans le parc national de Taï est estimée à 38 254 individus (compris à 95% entre 28 669 et 51 042) avec un coefficient de variation de 14,745%. L'on a dénombré 89 051 singes à queue diurne compris à 95% entre 58 024 et 136 670 individus avec un coefficient de variation de 22%. Les Chimpanzés sevrés (capables de construire des nids) au parc étaient estimés à 682 individus (compris à 95% entre 420 et 1110 individus). Le coefficient de variation de cette estimation est de 25,11%. L'estimation de l'abondance des éléphants à partir des 150 crottes fraiches donne une population de 297 éléphants avec un coefficient de variation de 22,59% dans un intervalle de confiance compris entre 191 et 490 à 95%. La planche photographique qui suit présente quelques images de grands mammifères dans le parc national de Taï.

Planche photographique 1: Quelques espèces de mammifères dans le parc national de Taï

2a. Espèce de céphalophe

2.b Espèce Singe à queue diurne

2.c Espèce de chimpanzé

2.d Espèce d'éléphant

Source : OIPR, 2022

La forte présence de ces mammifères dans le parc national de Taï revêt une importance majeure à la fois sur les plans écologique et scientifique. Ainsi, ce parc renferme également environ 146 espèces, soit 93 % des espèces de mammifères de la zone forestière ouest-guinéenne. On y dé- nombre 43 espèces de Chiroptères, 15 d'Ongulés, 16 de carnivores, 41 de rongeurs, 14 d'insectivores, 12 de Primates, 3 de Pholidotes, 1 d'Hyracoïdés et 1 espèce de Proboscidien. Cette classe compte aussi des espèces emblématiques telles que l'Hippopotame pygmée (*Choeropsis liberiensis*), le Léopard (*Panthera pardus*), le Buffle de forêt (*Syncerus caffer nanus*), le Porc géant de forêt (*Hylochoerus meinertzhageni*), le Pangolin géant (*Smutsia gigantea*). En outre, 12 espèces de mammifères, parmi lesquelles le Céphalophe de Jentink (*Cephalophus jentinki*), le Céphalophe zébré (*Cephalophus zebra*) et le Cercopithèque diane (*Cercopithecus diana diana*), endémiques à la région de l'Ouest de la Sierra Leone jusqu'à Taï subsistent dans le parc national de Taï.

Au niveau de l'avifaune, sur un total de 747 espèces d'oiseaux observées en Côte d'Ivoire, 234 ont été répertoriées dans le parc national de Taï (Gartshore,1989), dont les familles les mieux représentées sont les *Accipitridae* (Rapaces), les *Alcedinidae* (Martins-pêcheurs et Martins-chasseurs) et les *Bucerotidae* (Calaos). Des espèces à statut particulier telles que le Picatharte chauve de Guinée (*Picathartes gymnocephalus*), qui est une espèce rare et endémique à l'Afrique de l'Ouest, la Pintade à poitrine blanche (*Agelastes meleagrides*), espèce en danger dont les effectifs sont en décroissance sur le plan international, ainsi que le Gladiateur de Lagden (*Malaconotus lagdeni*) et l'aigle couronné (*Stephanoaetus coronatus*), espèces quasi menacées, sont présentes dans cette aire protégée. Le Bec-en-ciseau d'Afrique (*Rynchops flavirostris*), espèce quasi menacée, a été observé pour la première fois en janvier 2018 sur le plan d'eau du lac de Buyo. Les inventaires réalisés sur la période 2016-2019 dans le cadre du dénombrement international des oiseaux d'eau ont permis de recenser plus de 60 espèces sur le lac de Buyo dont environ 20 spécimens qui sont des migrateurs du paléarctique. Sur ce lac, des espèces résidentes telles que la Cigogne épiscopale (*Ciconia episcopus*), le Canard de Hartlaub (*Pteronetta hartlaubii*) et la Sarcelle à oreillons ou Oie naine (*Nettapus auritus*) ont été observées. Par ailleurs, le Touraco géant (*Corythaeola cristata*), présent au PNT, est une espèce d'intérêt culturel pour le peuple Patokola au sud-ouest du parc.

Quant aux Amphibiens et reptiles, les premières conduites de 1999-2002 (Rödel et Ernst, 2004; Ernst et Rödel, 2005 ; Ernst et *al.,* 2006 ; Hillers et *al.,* 2008) ont montré leur présence dans le parc national de Taï et ses environs. À ce jour, 56 espèces d'Amphibiens (55 anoures et 1 cécilie) appartenant à 11 familles, 18 genres sont connus du parc et ses environs. Six espèces figurent sur la Liste rouge de l'UICN comme étant menacées dont quatre en danger (*Hyperolius nienokouensis,*

Phrynobatrachus annulatus, Sclerophrys taïensis et Amnirana occidentalis) et deux vulnérables (*Phrynobatrachus villiersis et Kassina lamottei*). L'espèce *Phrynobatrachus taiensis*, connue que dans l'aire protégée, n'a pas été observée depuis sa description en 1988. Les Amphibiens jouent un rôle important dans les écosystèmes et contribuent à d'importants services écosystémiques (Hocking et Babbitt, 2014). Du fait de leur mode de vie diphasique (têtards aquatiques et adultes terrestres), les amphibiens réagissent aux moindres variations de leurs microhabitats ; ce qui fait d'eux d'excellents indicateurs biologiques de la qualité de leur habitat (Wells, 2007).

La faune ichtyologique du PNT renferme au total 65 espèces de poissons regroupées en 18 familles et 8 ordres (Kouamélan, 2018). Ces espèces sont dominées par les *Mormyridae, Alestidae, Schilbeideae, Claridae, Polypteridae, et Cichlidae*. Les ordres les mieux représentés sont les Siluriformes (6 familles), les Characiformes (3 familles), les Osteoglossiformes, les Cyprinodontiformes et les Perciformes (2 familles). Le parc renferme une (1) espèce en danger (*Chrysichthys teugelsi*), 4 espèces vulnérables (*Alestopetersius smykalai, Brycilus derhami, Doumea chapuisi et Chromidotilapia cavalliensis*), 6 espèces proches de la menace ou quasi menacées et 44 espèces de préoccupation mineure.

Conclusion du chapitre 1

Le parc national de Taï, véritable joyau de la biodiversité, se révèle être un milieu naturel d'une importance capitale. Sa richesse en espèces végétales et animales en fait un lieu d'étude et de préservation essentiel pour les scientifiques et les écologistes du monde entier. Sa contribution à l'équilibre écologique régional est inestimable, notamment grâce à la présence de mammifères emblématiques qui participent activement à la régulation des écosystèmes. En outre, le parc offre des opportunités uniques d'écotourisme, permettant aux visiteurs de découvrir la nature dans toute sa splendeur tout en contribuant à sa préservation. L'une des particularités des hydrosystèmes du parc est la présence d'espèces endémiques dont 2 types ont été identifiés : espèces endémiques à l'espace Taï (*Chromidotilapia cavalliensis et Synodontis koensis*) et espèces endémiques à l'écorégion guinéo-éburnéenne (*Polypterus palmas, Malapterurus punctatus et Barbus tiekoroi*). Le parc abrite une biodiversité exceptionnelle, notamment en ce qui concerne les mammifères, avec la présence de nombreuses espèces emblématiques telles que les chimpanzés, les éléphants de forêt, les buffles et les antilopes. La diversité des mammifères contribue au maintien de l'équilibre des écosystèmes du parc. Les interactions entre les différentes espèces, notamment les prédateurs et leurs proies, participent à la régulation des populations et à la santé globale de l'écosystème. De plus, la présence de grands mammifères joue un rôle clé également dans la dispersion des graines et le maintien de la diversité végétale. Cette aire protégée concentre une mosaïque de population dans ses zones riveraines. Le chapitre 2 qui va suivre présentera les caractéristiques du milieu humain du parc national de Taï.

Chapitre 2
Le parc de Taï, un milieu humain riverain dynamique

Introduction

L'environnement socio-économique et culturel du parc national de Taï est façonné par l'histoire, les migrations diverses et les activités des populations. À la création de l'aire protégée de Taï en 1972, le cœur du parc était vide d'installations humaines. Les populations riveraines d'alors appartenaient toutes au grand groupe Krou et se représentaient comme suit : à l'Est et au Sud-Est, les Bakwé installés à proximité du Sassandra et du San Pedro ; à l'Ouest, les Oubi descendants des Bakwé de l'Est : le sentier Est-Ouest à travers le parc date de leur migration à partir de Soubré ; au Nord-Ouest, les Wê communément appelés les Guéré ; au Nord-Est, les Bété anciennement installés le long du fleuve Sassandra, auxquels sont venus s'ajouter les Kouzié, sous-groupe qui leur est apparenté ainsi que les Niaboua. Ainsi, la forêt primaire de Taï dont l'intégrité en faisait déjà partie dans le cadre de la dynamique de développement des indépendances, une oasis dans le vide du territoire ivoirien, va connaître une forte humanisation de son environnement de proximité. Ces installations dont les intérêts ne cadrent pas toujours avec ceux de la conservation vont conduire à de nombreuses mutations dans le système Taï. Les zones périphériques du parc national de Taï se distinguent alors par un remarquable brassage ethnique, où se côtoient divers groupes culturels aux traditions riches et variées. Cette diversité ethnique contribue à la dynamique sociale et culturelle, où les échanges interculturels et les interactions entre les communautés façonnent un environnement humain vibrant et dynamique. Les populations locales ont su tirer parti de cette diversité pour développer des économies locales basées notamment sur l'agriculture, l'artisanat et le tourisme.

2.1. Les zones périphériques du parc national de Taï, d'un espace faiblement humanisé à sa création à une forte occupation humaine ces dernières décennies

Le parc national de Taï, initialement un espace faiblement humanisé à sa création, a connu une forte augmentation de son occupation humaine ces dernières décennies. Cette évolution est principalement due à l'expansion des activités agricoles et à l'installation de nouvelles populations dans la région.

2.1.1. Le parc national de Taï, un espace de fort peuplement autochtone autrefois

Selon certains rapports de Jacquier (1935), des pygmées auraient vécu dans la forêt avant les migrations autochtones. Les groupes que l'on considère comme autochtones dans les zones périphériques du parc national de Taï sont les Bété, les Bakwé, les Oubi, les Guéré, les Kouzié et les Krou. Les Oubi descendent des Bakwé (Carte 4).

Carte 4 : Répartition des ethnies autochtones autour du parc national de Taï

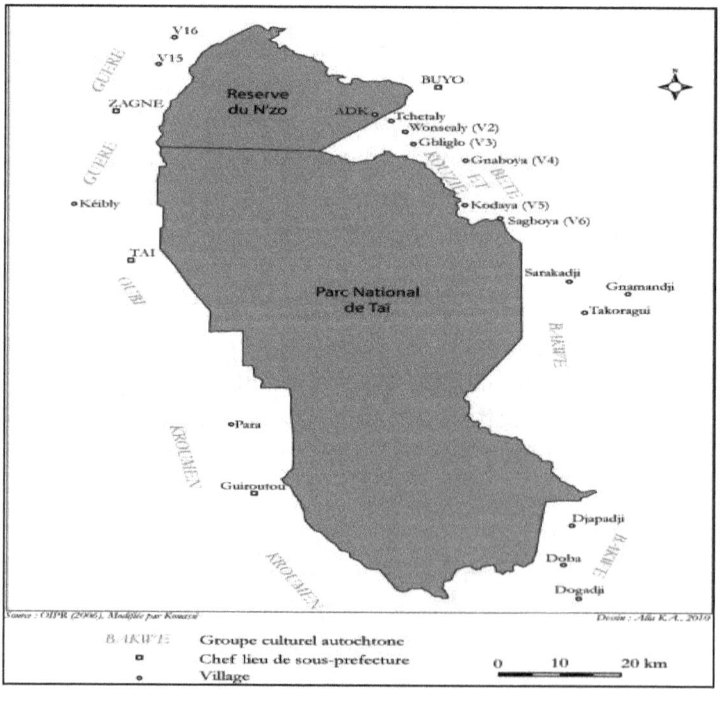

Les groupes ethniques qui vivent autour du parc national de Taï sont généralement originaires du Centre et du Nord de la Côte d'Ivoire, de la Guinée, du Burkina Faso, du Mali et, depuis la guerre civile de 1989, du Libéria. Ainsi, quatorze grands terroirs peuvent être distingués autour du parc, regroupant chacun 2 à 10 villages et de nombreux campements. Au niveau des sous-préfectures de Méagui et de Soubré, un certain nombre de campements anciennement installés ont été érigés en villages en 1993, bénéficiant d'une nouvelle appellation conforme à la langue locale, le bakwé. Le tableau 8 récapitule les villages de ces grands terroirs et leur appartenance à une communauté autochtone.

Tableau 8 : Liste de villages autochtones de l'Espace Taï

Villages	Communauté autochtone	Observations
Béhébou (V15), Nizahon I (V16), Nizahon II (V17), Béablo	Wè (Guéré) et Kouzié	Les villages V ont été construits lors de la création du barrage de Buyo. Des Kouzié originaires des vallées du Sassandra et du N'zo y ont été accueillis.
Troya, ZAGNE, Vodélobly, Tienkoula, Goulegui-Béoué, Djidoubaye	Wè (Guéré)	
Keibly, ZAIPOBLY, Gahably, Ponan, Daobly	Wè (Guéré)	
TAÏ, Gouléako, Paulé-Oula	Oubi	
Djéro-Oula, Port-Gentil, TIOLE-OULA, Sakré, Zriglo	Oubi	
Nigré, PARA	Oubi	
Karié, Gbéhouin, GUIROUTOU, Poutou	Krou	Ce terroir appartient au canton Krou de Grand-Béréby.
Glélé, Boua, Gnépasso, DOGBO	Krou	Ce terroir appartient au canton Krou de Grand-Béréby. Les trois premiers villages ont été inclus lors du classement dans la forêt de la Haute-Dodo.
Djapadji, Doba, Dahoro, DAGADJI, Gagny	Bakwé	Ces villages ont été inclus lors du classement dans la forêt du Rapide-Grah.
Louogba, Dahili, Séligbangan,	Sans autochtones	Ce terroir n'est pas riverain du parc.

POGREAGUI, Amoagui, Sakiaré, Kouadiogui		
Han, Brouagui, Hanagui, Djigbagui, WALEBO, Bledouagui, Ziéagui, N'Ziagui, Ipouagui	Sans autochtones	Ce terroir occupe partiellement la forêt Classée du Rapide-Grah et la zone de protection du parc.
Adamagui, Sarakagui, Tiémé, Amaragui, Johin, GNAMAGUI, Liagui, Takoréagui, Kangagui, Pokouagui	Bakwé	Gnamagui est le seul village autochtone Bakwé. Ce terroir occupe partiellement la zone de protection du parc.
LOBOGBA, Angagui, Ngosséagui, Gbatina , Koupérou	Bété	
Trahagloukro (V8), Kodaya (V5), SAGBOYA (V6)	Bété et Kouzié	Les villages V ont été construits lors de la création du barrage de Buyo. Les kouzié originaires des vallées du Sassandra et du Nzo ont été accueillis. Ces terroirs possèdent d'impressionnantes populations d'allochtones. Ils sont mitoyens au parc.
Tchétaly (V1), Wonséaly (V2), Gbligbo (V3), GNABOYA (V4).	Bété et Kouzié	

Source : OIPR, 2006

Le parc national de Taï enregistre 74 villages, dont 39, ayant un terroir mitoyen au parc. Corollairement à cette installation tous azimuts, le phénomène campement s'est aussi accéléré. Le processus d'installation des migrants part généralement du village centre qui est le village hôte pour aboutir plus tard à la création des campements sur les plantations. À partir de 1968, cet espace a vu l'immigration de plusieurs autres peuples dont les premiers furent les Baoulés. Après ceux-ci vinrent les Dioulas et les Mossis. Plusieurs raisons sont à l'origine de ces migrations. Il s'agit de : l'ouverture de pistes avec déplacement des villages installés « en brousse » vers la route (piste Guiglo-Taï ouverte dès 1930) ; la reconnaissance de cette zone en réservoir de matières premières de la puissance coloniale dans les années 30, 50 et 60 ; l'ouverture du bac sur le Sassandra à Soubré (1955) et de la piste Soubré-Sassandra ainsi que de premiers chantiers d'exploitation forestière à l'Ouest de Soubré et à partir de Grand-Béréby; les sécheresses en pays de savane (1966, 1973) ; le début de l'immigration avec essentiellement les Baoulé à partir de Soubré (1968) ; les ouvertures du pont sur le Sassandra à Soubré (1970), de la route San Pedro-Soubré ; Grand-Béréby, du port de San Pedro (1971) et du pont sur la Hana (1971) ; l'abolition des droits coutumiers sur la terre ouvrant officiellement l'accès à la propriété aux étrangers ; l'augmentation du prix du cacao et du café (1972-1976) ; l'ouverture de l'exploitation forestière par les Ateliers De Kahankro (ADK) dans la réserve du N'zo (1972); l'intensification de l'exploitation forestière dans la Forêt Classée du Rapide Grah malgré son statut de périmètre papetier et les règles de gestion particulières qui devaient en découler ; l'intensification et la diversification de l'immigration en provenance des autres régions de la Côte d'Ivoire et des pays voisins (Mali, Burkina Faso) au cours des « années ARSO » ; le bitumage de la route San Pedro-Issia (1977) ; la mise en eau du barrage de Buyo (1981) et la réinstallation des populations déguerpies notamment entre le Sassandra et la « piste ADK » et dans les forêts classées de Duekoué et du haut Sassandra ainsi que la guerre du Libéria avec son corolaire d'arrivée massive de réfugiés dans cette région (1989) (Kouassi, 2002 ; Goh, 2005). Tous ces facteurs vont entraîner une forte croissance démographique de l'Espace Taï.

2.1.2. Une population de plus en plus croissante autour du parc national de Taï

Depuis sa création, la population autour du parc national de Taï n'a cessé de croître de manière significative (Tableau 9)

Tableau 9 : Évolution de la population vivant autour du parc de 1965 à 1988

	Nombre d'habitants		
Sous-préfecture	**1965**	**1975**	**1988**
Grabo	3600	3510	28453
Taï	3600	6865	30039
Buyo	5500	13620	61644
Méagui	1800	10962	86818
San-Pedro	3200	40295	132297
Grand-Béréby	5500	13620	35877
Tabou	14000	17329	31255
Guiglo	16800	22913	59129
Total	**54 000**	**129 114**	**465 512**

Source : Recensement de la population 1965, 1975 et 1988

La population autour du parc national de Taï est passée de 54 000 habitants en 1965 à 465 512 habitants en 1988 avec une forte croissance de celle-ci dans la sous-préfecture de San-Pedro. En effet, la population de San-Pedro est passée de 3 200 habitants en 1965 à 132 297 habitants en 1988. Ainsi, l'occupation de la terre s'est considérablement densifiée. En 1971, on comptait, pour la sous-préfecture de Taï, 8 habitants/km² en moyenne et, en 1991, 135 habitants/km², si on exclut le territoire du parc. Si l'on ne compte pas les réfugiés libériens, qui, selon Baum (1992), comptent pour environ la moitié des habitants, on trouverait environ 75 habitants/km² ; ce qui est bien supérieur à l'optimum de 15 habitants/km² souhaité par l'ARSO durant cette période.

En 1988, le volume de la population vivant autour du parc national de Taï était estimé à 91 631 habitants. L'analyse des chiffres des trois derniers recensements de la population (1965, 1975, 1988, 1998) nous renseigne sur une forte et rapide croissance démographique dans l'espace Taï. En l'espace de vingt-trois ans, la population de la zone périphérique du Parc National de Taï a plus que septuplé. Les rives les moins peuplées en 1975 ont connu les plus fortes progressions avec des taux annuels de 20 à 40% (rive Ouest avec les cantons Trepo et Oubi et la rive Est avec les terroirs Bakwé du Sud-Est). Au-delà de ces constats lointains qui auraient tendance à s'amenuiser, la visite des rives Est et particulièrement Nord, lors de nos recherches, a donné l'occasion de constater une importante proportion de jeunes dans les villages et campements. La déscolarisation accentuée par la situation de crise que connaît le pays a favorisé un retour massif des jeunes au village. La saturation foncière les conduit généralement à s'adonner alors à des activités de braconnage pour la satisfaction des besoins des nouvelles familles qui sont ainsi créées, favorisant du coup une relance du taux naturel de croissance. L'une des manifestations importantes de cette forte croissance est ce qu'on pourrait caractériser de 'phénomène campement' dans cette zone de la Côte d'Ivoire. La population de l'environnement riverain de Taï continue de croître et atteignait 881 268 habitants en 2021 (RGPH, 2021) (Tableau 10).

Tableau 10 : Évolution de la population autour du parc national de Taï de 2014 à 2021

Localisation	Régions	Départements	Sous-préfectures	Superficies (km²)	Population en 2014	Population en 2021
Est	Nawa	Méagui	Oupoyo	836	72206	61 973
			Gnamangui	1681	116475	83 794
Ouest	San Pédro	Tabou	Djouroutou	2273	71651	91 316
	7 Cavally	Guiglo	Guiglo	1924	113796	171 454
			Nizahon (v16)	371	20767	21 897
		Taï	Taï	2071	31928	42 909
			Zagné	2086	71020	74 478
Nord	Nawa	Buyo	Buyo	1286	103217	100 848
			Dapéoua	1078	80658	75 721
Sud	San Pédro	San Pédro	Dogbo	1518	37391	61 632
			Doba	1758	123530	95 246
Total				**16882**	**842639**	**881 268**

Source : RGPH (2014 et 2021)

Les localités environnantes du parc national de Taï occupent désormais une superficie de 16 882 km². La population autour du parc national de Taï est passée de 842 639 habitants en 2014 à 881 268 en 2021 avec une forte occupation humaine dans les sous-préfectures de Guiglo (171 454 Habitants), Buyo (100 848 habitants), Doba (95 246 habitants), Djouroutou (91 316 Habitants) et Gnamangui (83 794 habitants). Cette population est constituée tant d'autochtones que de non-nationaux.

2.1.2. Une forte présence des allogènes autour du parc national de Taï

Le parc national de Taï est entouré par une forte présence de populations non-ivoiriennes, en particulier des populations immigrées en provenance des pays voisins tels que le Liberia. Ces populations sont souvent présentes dans les zones frontalières du parc, attirées par les ressources naturelles et les opportunités économiques qu'offre la région. La figure 1 présente la répartition de la population des localités autour du parc national de Taï par nationalité.

Figure 2 : Répartition de la population autour du parc national de Taï par nationalité

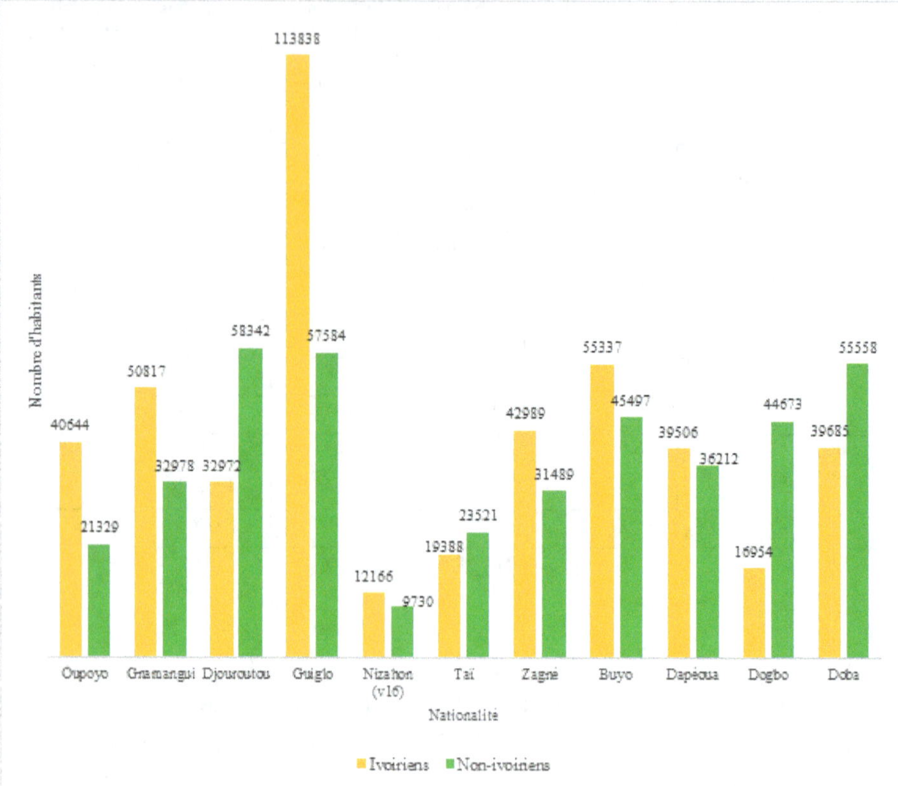

Source : RGPH, 2021

La population des non-Ivoiriens vivant autour du parc national de Taï est estimée à 416 912 habitants, soit 47,31% de la population totale. Les sous-préfectures de Djouroutou, Dogbo et Doba affichent les plus forts taux d'étrangers, soit respectivement 63,89%, 72,48%, et 58,33%. La forte présence d'étrangers s'explique par les conditions naturelles favorables et l'acquisition facile des terres. Au niveau de la population ivoirienne, elle est dominée par l'aire culturelle Akan et particulièrement le peuple baoulé (Tableau 11).

Tableau 11 : Répartition de la population autour du parc national de Taï par nationalité

	AKAN	KROU	MANDE DU NORD	VOLTAÏQUE/GUR	MANDE DU SUD	NATURALISE
Oupoyo	26834	3493	5413	4284	601	5
Gnaman gui	41393	586	6013	2285	409	82
Djourou tou	15221	5162	4244	6635	1657	39
Guiglo	29626	32285	22378	15117	13977	437
Nizahon (v16)	2878	817	1736	3319	3307	108
Taï	5609	5916	3097	3582	1138	30
Zagné	17540	6207	6346	8418	4445	20
Buyo	29196	9661	7457	7221	1788	1
Dapéoua	24609	5525	4515	3708	1138	5
Dogbo	5928	985	2195	7440	379	17
Doba	24679	2928	4976	5623	1462	11
TOTAL	**223511**	**73565**	**68371**	**67632**	**30302**	**756**

Source : RHGP, 2021

La population vivant autour du parc national de Taï est portée par le groupe Akan, environ 223 511 habitants, soit 48,11%. Cette population est suivie par les Mandé du Nord (68 371 habitants, soit 14,73%) ; les Gur ou Voltaïques (67 632 habitants, environ 14, 57%). Cette dynamique démographique est principalement due à l'attrait de la région pour l'agriculture, l'exploitation forestière et d'autres activités économiques.

2.2. Les activités économiques chez les populations de l'Espace Taï

Les activités économiques de l'espace riverain du parc sont principalement axées sur l'agriculture, l'exploitation forestière et le commerce. L'agriculture est la source dominante de revenu, avec les cultures vivrières telles que le manioc, le maïs, le riz, ainsi que des cultures commerciales telles que le cacao et le café. L'exploitation forestière est également une activité importante.

2.2.1. L'agriculture comme activité majeure

À l'accession de la Côte d'Ivoire à l'indépendance en 1960, les autorités du pays ont décidé d'axer le développement du pays sur l'agriculture. Il en a résulté la création de grandes exploitations agricoles, surtout des cultures de rente principales que sont le café et le cacao. L'appel lancé par le Président Félix Houphouët-Boigny aux populations, à savoir « *La terre appartient à celui qui la met en valeur* » ouvre la propriété foncière à tous et même aux étrangers. Dans ce contexte, le Sud-Ouest qui constituait encore un espace inoccupé, va connaître un afflux massif de populations d'horizons divers qui y voyaient l'Eldorado.

Dans l'Espace Taï, le café est la plus ancienne de ces cultures de rente. Mais, le cacao s'est très vite développé et avec le fort mouvement migratoire, le département de Soubré est la nouvelle « boucle du cacao ». Les régions du Bas Sassandra et du Moyen Cavally abritaient selon le recensement National Agricole de 2001, 27% des ménages producteurs de cacao en Côte d'Ivoire. Le quart de la production ivoirienne de cacao, soit 312 929 tonnes sur 1 278 580 tonnes, est assuré par les départements de Soubré, San Pedro, Guiglo et Tabou dont relève le parc national de Taï. Ces départements occupaient respectivement les 1er, 3ème, 9ème et 25ème rang sur les 39 départements producteurs du cacao ivoirien (BCC, 2003 in Bonnehin, 2006). À l'observation de ces données, l'on se rend compte que le cacao était le souffle de l'activité économique de l'Espace Taï. Cependant, l'évolution de cette culture est caractérisée d'une part par le vieillissement des vergers qui existent pour la plupart depuis deux, voire trois décennies et d'autre part par une baisse des rendements et une raréfaction des terres cultivables. Dans les sous-préfectures de Taï et Guiglo, une baisse prématurée des rendements liée à la faible aptitude des sols est observée : 200 kg/ha contre 500 kg/ha en moyenne nationale. Dans les sous-préfectures de Grand-Bereby et San-Pedro, une baisse identique est à craindre pour les mêmes motifs. Il va certainement s'en suivre une tendance à la paupérisation surtout avec la baisse continuelle des prix de ces principales cultures de rente que sont le café et le cacao.

En appoint, l'hévéa et le palmier à huile constituent les autres cultures commerciales pratiquées dans la région depuis plus de deux décennies. Face à la situation plus haut indiquée, la tendance est à la destruction des champs de café au profit de la cacaoculture et souvent même à l'abattage des vergers de cacao au profit de l'hévéaculture ou de la culture du palmier à huile. Pour y remédier et surtout préserver le rang de premier producteur mondial, de nouvelles espèces de café et de cacao à fort taux de rendement sont expérimentés par l'ANADER dans la zone avec des résultats très satisfaisants[5]. Il s'agit du cacao hybride dont le rendement moyen est de l'ordre de 800 à 1000kg/ha quand le café *clona produit* environ 1000kg/ha. Nonobstant cette opportunité, l'on assiste ces dernières années, selon M N'Doumi Mathieu, Technicien des cultures pérennes de l'ANADER-Soubré, à une tendance à l'hévéaculture et, à un moindre degré, à la culture du palmier à huile. Il existe donc actuellement un regain d'intérêt pour l'expansion des plantations villageoises. Ces deux spéculations sont l'objet d'une exploitation agro-industrielle autour du PNT par les sociétés CHC (FC du Cavally au Nord-Ouest du PNT), SAPH (FC Rapide-Grah au Sud-Est du PNT), SOGB (Grand-Béréby au Sud du PNT) et PALMCI (Tableau 12).

Tableau 12: Plantations de palmier à huile gérées par la PALMCI autour du PNT

Unités agro-industrielles		Plantations industrielles (en ha)	Plantations villageoises (en ha)	TOTAL (en ha)
Iboké		5655	12570	18225
Néka		2661	13860	16521
Blidoupa		2698	12140	14838
Gpapet		520	-	520
TOTAL		**11 534**	**38 570**	**50 104**

Source : Rapport Assemblée Générale Ordinaire PALM-CI 28 Juin 2001 in Bonnehin (2006)

Les productions de ces unités seraient en deçà de leurs capacités de transformation. C'est ainsi que certaines unités au niveau hévéicole, aptes à traiter jusqu'à 12.000 tonnes de latex par an en produit semi-fini, en sont aujourd'hui qu'à 5.000 tonnes par an. Cela traduit le vaste potentiel d'extension de la culture de l'hévéa dans la zone.

Dans les années 2010, sur une bande de 10 km de largeur autour du parc, la culture du cacao occupait 53% des surfaces et la production annuelle y était estimée à 94 000 tonnes. Le nombre de producteurs agricoles était de 33 800 et le nombre de personnes qu'ils nourrissaient était estimé à 396 000 (Varlet, 2013). Pour la campagne 2013-2014, les régions de la Nawa et de San Pedro avaient commercialisé, à elles deux,

[5] L'espèce de cacao Mercedes découverte par le CNRA s'inscrit dans cette vision nationale.

490 000 tonnes de cacao qui représentaient une contribution de 3,2% au PIB de la Côte d'Ivoire (Berger et *al.*, 2015). L'hévéa a quant à lui été introduit dès 1971 à Grand-Béréby, sur le complexe agro-industriel de la SOGB (Société des caoutchoucs de Grand-Béréby), puis en 1975 à San Pedro avec la Société Africaine des Plantations d'Hévéas (SAPH). Cette culture s'est par la suite répandue dans la zone à l'Ouest du parc, dans les circonscriptions de Zagné et Tai. À partir des ensembles agro-industriels, des petites et moyennes plantations privées et des plantations villageoises ont été encadrées dans les zones de Grand-Béréby et San Pedro, et plus récemment dans celles de Guiglo et Taï. En 2014, la production de cette culture dans la zone périphérique s'élevait à 112 000 tonnes. Le palmier à huile a, lui, vu sa culture se développer au sud-ouest du parc dans la zone de Néka avec un pôle agro-industriel relativement important d'environ 12 000 ha entouré de plantations privées de plus de 10 000 ha.

Dans l'Espace Taï, la culture vivrière dominante est le riz. Chez les autochtones, la riziculture pluviale domine. Les allogènes des régions soudaniennes pratiquent de plus en plus cette riziculture de bas-fonds. Il faut souligner que malgré leur capacité d'adaptation, les migrants pratiquent préférentiellement la culture vivrière de leur région d'origine : maïs pour ceux des savanes du nord, igname pour ceux du centre et de l'Est. La banane plantain est également très répandue, étant une composante essentielle du système pionnier de mise en place de la cacaoyère (PNT, 2006). La filière manioc a, ces dernières années, fait l'objet d'une attention particulière pour son développement avec la vulgarisation de matériel végétal amélioré à partir de parcs à bois (102 au total) installés dans la périphérie (dans le cadre des projets PACCS et PROFIAB I et II de la GIZ). Varlet (2013) a estimé, sur une zone de 10 km autour du PNT, la taille moyenne par exploitation agricole à 9,7 hectares avec 9 hectares de cultures pérennes et au moins 0,6 hectare de cultures vivrières. Selon lui, les chefs d'exploitation disposent en moyenne de 2,3 hectares de réserves de terre.

Quant à la méthode culturale utilisée par les populations, il s'agit de l'itinérance des parcelles qui caractérise l'agriculture extensive. Cette technique qui est consommatrice d'espace ne garantit pas une stabilisation des exploitations. Ainsi, chaque année, les parcelles s'amenuisent ouvrant la voie à une surexploitation des terres et donc à une baisse des rendements des cultures. Le domaine rural de l'espace Taï était estimé à 18 477 Km^2 en 1990. Cependant, seulement 278 Km^2

étaient couvertes à hauteur de 90% par la forêt, ce qui représentait 2% du domaine rural. En d'autres termes, plus de 90% du domaine rural de l'espace Taï était entièrement ou partiellement déboisé. Trente ans plus tard, cette tendance se renforçant, le domaine rural de l'espace Taï se caractérise par une forte régression des terres cultivables à l'opposé de l'accroissement de la population. Il s'ensuit un rapport démo-foncier assez important qui, mis à l'épreuve de la quête de nouvelles terres cultivables, portera atteinte aux rapports entre les populations d'une part, mais aussi, et surtout à l'intégrité du parc national de Taï, d'autre part. Au-delà de l'agriculture, le massif de Taï a connu une intense exploitation forestière.

2.2.2. Une exploitation forestière de plus en plus intense

Dès la fin des années soixante, certaines zones situées sur la rive gauche de la Hana ont été soumises à cette activité. Plusieurs pistes ont été ouvertes à cet effet. Après la création du parc en 1972, les exploitations frauduleuses ont continué et se sont même amplifiées. Ainsi, la société ADK a pénétré profondément au nord du parc depuis sa base de Gboméranda dans la réserve du N'Zo. Il a fallu l'intervention du Président du WWF-International au milieu des années soixante-dix pour obliger les autorités à intervenir pour protéger le parc. C'est alors que le complexe ADK a été déplacé vers la limite Est de la réserve.

Aujourd'hui, l'exploitation forestière et l'industrie du bois sont à nouveau bien implantées autour du PNT. Le domaine rural de la zone périphérique, divisé en une vingtaine de périmètres forestiers et les forêts classées de l'Espace Taï sont concédés à des entreprises forestières privées qui les exploitent. À titre d'exemple, le groupe THANRY est adjudicataire des forêts classées de Scio et de Goin-Débé, et la STBC (groupe FATALL) qui est en train de construire une unité à Taï, sera alimentée par des grumes en provenance de la forêt classée du Cavally dont la STBC est adjudicataire. Ces entreprises possèdent des unités de transformation de bois établies dans les départements de Guiglo, San Pedro et Soubré. Les unités de transformation de bois de la périphérie du PNT représentent près de 20% de l'ensemble des unités enregistrées au niveau national, soit 27 sur 132 (Bonnéhin, 2006). Le tableau 13 présente ces unités de transformation.

Tableau 13: Les unités de transformation du bois du Bas Sassandra et du Moyen Cavally

N° d'ordre	Nom de l'entreprise ou Raison sociale	Nationalité des capitaux	Activités	Capacité de production autorisée (m3)	Localité
01	SEL/CSB		Sc		San-Pedro
02	ITS	Italien	Sc	7000	San-Pedro
03	SIS		Sc	10.000	San-Pedro
04	BTA	Divers	Dr C/P. SC	45.000	Zagné
05	AFRICAN INDUSTRIES	Italien	Dr Tr	30.000	San-Pedro
06	GSDI		Sc	15.000	San-Pedro
07	Ets BARA	Burkinabé	Sc	8.000	San-Pedro
08	SIT (GROUPE THANRY)	Ivoirien, Français	Sc Mo	80.000	Guiglo
09	SIP CATALA	Espagnol	Sc Dr. C/P	40.000	San-Pedro
10	WOOD IVOIRE	Français, Danois	Sc. Men. Mo	15.000	San-Pedro
11	NEFBA	Italien, Burkinabé	Sc	6.000	Zagné
12	STEBT		Sc	25.000	San-Pedro
13	SIFPA		Sc	25.000	San-Pedro
14	SGB (Groupe THANRY)	Ivoirien, Français	Sc Dr	25.000	Duékoué
15	SMSP		Sc	3.000	San-Pedro
16	NSD (Groupe THANRY)	Ivoirien, Français	Sc	20.000	Duékoué
17	CIBB	Ivoirien	Sc.Dr. C/P	135.000	Buyo
18	IVOBOIS		Sc. Mo	20.000	San-Pedro
19	SOFIBOI	Français		40.000	San-Pedro
20	IGD	Français		40.000	Yabayo
21	FEXIM-CI		Sc	20.000	Soubré
22	OBB	Ivoirien	Sc	5.000	San-Pedro
23	SIBD	Français	Sc. Men	20.000	Grd-Béréby
24	ITB	Italien	Sc Cercueils	15.000	San-Pedro
25	RECTO INDUSTRIES	Français, Ivoirien	Sc	15.000	San-Pedro
26	MRL		Sc. Mo	15.000	San-Pedro
27	LBSP (Groupe THANRY)	Ivoirien	Tr Men	35.000	San-Pedro

Sc : Sciage ; Dr : Déroulage ; Tr : Tranchage ; Men : Menuiserie ; Mo : Moulure ; C/P : Contre-plaqué

Source : Direction de la Production et des Industries Forestières (Bonnehin, 2006)

Le parc national de Taï affichait 27 unités de transformation de bois dans ses environs dans les années 2000. Ces unités sont détenues par les Italiens, Français, Espagnol, Burkinabé et Ivoiriens et plus représentées dans la région de San Pedro. La gestion de certaines forêts classées comme celle du Cavally a été confiée à des opérateurs privés tels que STBS dans le cadre de conventions avec la SODEFOR.

À ce jour, au regard de la rareté des ressources ligneuses, on relève une baisse importante d'activité dans ce secteur limitant le nombre d'unités de transformation à une dizaine encore fonctionnelle à San Pedro et Guiglo (BSO, FEXIM, Ets Noura, SIP-CATALA, SOFIBEX, STBS, WOODIVOIRE, AI, SMCI, STEBT, OBB, BSA/BST, ITB, NEFBA, BTA). Après plus de quinze (15) ans d'arrêt d'activité, les infrastructures de l'usine d'ADK qui étaient installées dans la Réserve partielle de faune du N'Zo ont été démantelées en 2019 conformément aux dispositions du Décret de concession d'exploitation de la réserve à CIBB.

Cette exploitation forestière, ouvrant des pistes, favorise la pratique d'activités de chasse et d'élevage.

2.2.3. L'élevage et les activités cynégétiques peu développés

L'élevage est une activité secondaire dans l'espace Taï. En dehors de l'élevage de case ou de quelques essais d'élevage de bovins ou des initiatives du PACPNT, cette activité est quasiment inexistante. Il a été longtemps cantonné à l'élevage de case traditionnel d'ovins, de caprins et de volailles. Avec l'appui des partenaires, le PNT a soutenu plusieurs initiatives de production de protéines animales alternatives au braconnage. Au titre de ces initiatives, l'appui du Fonds Ivoiro-Suisse pour le Développement Economique et Social (FISDES) a permis en 2011, de mettre en œuvre quatre microprojets dans la périphérie du PNT. Avec ceux financés par la GIZ dans le cadre du Programme de Développement Economique en Milieu Rural (PRODEMIR) en 2009, ce sont au total, 10 microprojets d'élevage dont 2 d'aviculture (pondeuses), 6 de porciculture et 2 de pisciculture qui ont été réalisés. En outre, 6 microprojets scolaires d'élevage d'escargots (2), de caprins (2), d'aulacodes (1) et de poulets traditionnels (1) ont été mis en place dans le cadre de l'éducation environnementale.

Aussi, dans cette dynamique de promotion de l'élevage comme alternative de réduction des prélèvements des ressources cynégétiques, 117 fermes d'élevage amélioré de poulets traditionnels ont été installées dans le cadre du Projet d'Adaptation au Changement Climatique et de Stabilisation

(PACCS). Toutefois, la demande en protéines animales demeure toujours importante en dépit des initiatives conjuguées du gestionnaire et d'autres acteurs. L'installation de bouchers dans des localités de la périphérie du PNT, ces dernières années, mérite d'être encouragée en ce sens qu'elle pourrait constituer une alternative au commerce de viande de gibier.

Au niveau de la pêche, sa rentabilisation s'effectue dans le lac de Buyo où 90% de ces pêcheurs étaient d'origine malienne (Bozo du delta intérieur du fleuve Niger). Les captures de poissons enregistrées par les services des Eaux et Forêts de la zone sont de l'ordre de 7000 à 8000 tonnes de poissons par an, dont 45% à Buyo, 25% à Guessabo, 15% à Behablo et Gbapleu. Toutefois, les prises qui sont vendues à majorité sur les marchés urbains ne sont pas profitables aux populations riveraines du parc de Taï. Cette mauvaise desserte en protéines animales favorise énormément le délit de chasse au niveau du parc.

À Buyo, l'activité de pêche est exercée en majorité par des non-nationaux. Selon (Vanga, 2001), le volume des prises et la taille des individus du Lac de Buyo sont en baisse en raison de la gestion non durable de la pêche. Cette tendance à la baisse des prises a été confirmée par les acteurs de la pêche lors des ateliers diagnostics dans le cadre de l'élaboration d'une convention locale de gestion durable des ressources du Lac de Buyo en 2016. Ce constat a été corroboré par l'étude de Goli Bi et *al.*, (2019). À cet effet, de nombreuses rencontres de sensibilisation, de réflexion et de renforcement de capacités sur les bonnes pratiques impliquant l'ensemble des acteurs du secteur de la pêche sur le Lac de Buyo ont été menées.

Ce processus a abouti en 2018 à la signature d'une convention entre les acteurs clés du secteur pêche de Buyo, à savoir l'OIPR, le Conseil Régional de la Nawa, la Municipalité de Buyo, les services compétents du Ministère en charge des ressources halieutiques et les représentants des communautés d'utilisateurs dudit lac. La périphérie du PNT est en grande partie approvisionnée en poissons fumés en provenance des villes côtières notamment San Pedro, Gand Béréby, Tabou et Sassandra. Les poissons surgelés issus des chambres frigorifiques alimentent également les marchés. Des initiatives de pisciculture ont également été développées autour du PNT notamment dans les localités de Nizahon, Vodelobly, Zagné, Daobly, Sakré, Para, Djouroutou, Djapadji, Méagui et Gbliglo. Ces activités visaient à soutenir l'approvisionnement des ménages en protéines animales, mais les productions demeurent en deçà des objectifs escomptés pouvant permettre de résorber une part importante des besoins des communautés.

Ainsi, de toutes les agressions, la chasse est de très loin celle qui met le plus à mal la conservation à long terme du parc national de Taï. Elle est le délit de 77% des délinquants appréhendés dans le parc. Quant à l'exploitation minière artisanale et industrielle de l'or, elle est en pleine expansion. Cette activité se poursuit dans un contexte artisanal et constitue une menace pour le parc national de Taï, car elle continue d'attirer du monde en quête d'opportunités économiques. Cela pourrait accentuer les pressions d'origine anthropique sur les autres ressources naturelles de la zone (terres cultivables, gibiers, etc.) et par ricochet, celles du parc. Ainsi, le tableau 14 présente le nombre de délinquants appréhendés par activité dans le parc de 1996 à 2005.

Tableau 14: Nombre de délinquants appréhendés dans les différents secteurs du parc de Taï entre 1996 et 2005

Délits	Soubré	ADK	Djapagui	V6	Zagné	Taï	Djouroutou	Brigade Mobile	Total	%
Chasse	79	49	112	69	99	74	36	12	530	**76,6**
Défrichement	4	17	14	3	0	14	0	25	77	**11,1**
Orpaillage	30	0	5	20	2	0	1	0	58	**8,4**
Entrée illicite	0	0	9	0	0	0	0	0	9	**1,3**
Pêche	0	0	4	1	0	0	3	0	8	**1,2**
Cure-dent	1	3	0	0	0	1	1	0	6	**0,9**
PFNL	0	4	0	0	0	0	0	0	4	**0,6**
Total	***114***	*73*	***144***	***93***	***101***	***89***	***41***	*37*	***692***	**100**

Source : OIPR, 2006

Le tableau 14 présente un nombre important de délinquants. En effet, le nombre de délinquants appréhendés dans le parc en 2006 est de 692 dont 114 à Soubré, 93 à Djapagui, 93 à V6, 101 à Zagné, 89 à Taï, 41, Djouroutou. Le braconnage représente l'activité illégale la plus importante dans le parc avec une proportion d 76,6% contre 11,1% pour le défrichement, et 8,4% pour l'orpaillage. L'impact du braconnage est sévèrement néfaste sur l'évolution des effectifs de populations de certaines espèces. Aujourd'hui encore, le braconnage constitue la principale menace du parc national de Taï. Cependant, en fin d'année 2012, le nombre de délinquants orpailleurs appréhendés dans le parc était de 96% ce qui, pour la première fois, a dépassé le nombre de 87 braconniers appréhendés en 2006. Cette tendance a été confirmée en 2013 avec 188 orpailleurs contre 66 braconniers appréhendés. Néanmoins, les indices d'activités anthropiques illégales présentent une tendance à la baisse depuis 2015 (Figure 3).

Figure 3 : Évolution des Indices Kilométriques d'Abondance (IKA) des activités illégales de 2015 à 2022

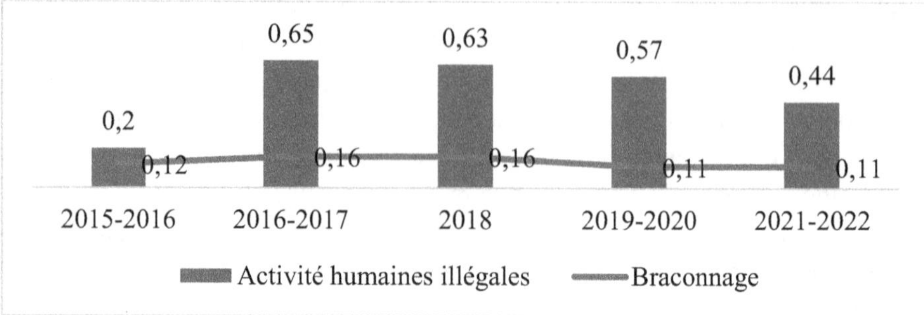

Source : OIPR, 2022

Les indices d'agression connaissent une baisse dans le parc national de Taï. En effet, les activités illégales ont connu une régression passant de 0,65 en 2016 à 0,44 en 2022. Pour le cas spécifique du braconnage, les indices d'agression sont passés de 0,16 en 2016 à 0,11 en 2022.

En somme, l'environnement du parc national de Taï a été marqué ces dernières décennies par de nombreuses mutations qui ont fortement structuré son paysage de proximité. Les importantes opportunités économiques qu'offrait cet espace naturel ont participé à sa très forte humanisation sans manquer de porter un coup à la stabilité dynamique de la biodiversité du parc. Les activités cynégétiques continuent d'exercer de fortes pressions sur le parc en dépit de leur relative baisse.

Conclusion du chapitre 2

Les zones périphériques du parc de Taï connaissent un important brassage de population, principalement dominé par les allochtones Baoulé et les allogènes. Ces populations qui pratiquent des activités telles que l'agriculture, l'exploitation forestière, le braconnage, la pêche et l'orpaillage contribuent à l'anthropisation du parc. Cependant, ces dernières années, on observe une régression des indices d'agression, ce qui est le signe d'une amélioration du niveau de conservation de cette aire protégée. Il est donc essentiel de poursuivre les efforts de préservation de l'environnement et de promotion du développement durable afin de garantir un équilibre entre les activités humaines et la conservation de la biodiversité du parc qui a présidé à son classement.

Conclusion de la partie 1

Le parc national de Taï se distingue comme une aire protégée d'une richesse exceptionnelle en biodiversité. Il abrite de nombreuses espèces emblématiques qui font de lui un véritable joyau de la nature en Afrique de l'Ouest. Il est également le refuge d'autres primates avec une flore et espèces endémiques et rares, contribuant ainsi à sa réputation de "hotspot" de biodiversité. Cette diversité biologique du parc contribue à maintenir l'équilibre écologique. La présence d'espèces typiques telles que les chimpanzés et les éléphants de forêt jouent un rôle capital en faveur de la conservation d'autres espèces moins connues, mais tout aussi importantes pour l'équilibre de l'écosystème. La richesse faunique et floristique du Parc National de Taï constitue un attrait majeur pour les populations et contribue à la forte concentration de celles-ci dans les localités périphériques du parc. Ces populations dominées par les allogènes burkinabé et les allochtones Baoulé ont pour activité principale l'agriculture. Cependant, la concentration de la population autour du parc pose des défis à sa gouvernance. Les stratégies mises en œuvre dans le temps ont clairement déterminé l'état actuel de conservation du parc.

Partie 2
LE PARC NATIONAL DE TAÏ, BRÈVE RÉTROSPECTIVE DE 50 ANS DE GOUVERNANCE

Introduction de la deuxième partie

Le parc national de Taï, depuis sa création en 1972, a été le symbole d'un engagement fort en faveur de la préservation de la biodiversité et de la conservation des écosystèmes forestiers. Au fil des décennies, il a été le théâtre de nombreuses initiatives visant à protéger sa faune et sa flore exceptionnelles. Sa gouvernance a été marquée par des défis importants, notamment la pression croissante des activités humaines aux abords du parc, telles que l'agriculture, l'exploitation forestière et l'orpaillage. Ces activités ont eu un impact significatif sur l'environnement du parc, mettant en péril sa biodiversité. Cependant, malgré ces défis, la gouvernance du parc de Taï a su évoluer pour faire face aux nouveaux enjeux de conservation. Des programmes innovants ont été mis en place pour impliquer les populations locales dans sa préservation et pour promouvoir des pratiques agricoles plus durables. Aujourd'hui, le parc national de Taï reste un exemple de réussite en matière de conservation de la nature en Afrique de l'Ouest. Son système de gestion a permis de préserver un écosystème unique et précieux pour les générations futures, tout en contribuant au développement économique et social des régions environnantes. Cette partie présente donc les stratégies de conservation ainsi que les acteurs qui ont œuvré au maintien de la diversité biologique du parc durant ses 50 premières années d'existence qui s'appuie sur la politique coloniale en matière de conservation de la nature.

Chapitre 3
La stratégie coloniale de conservation de la forêt de Taï

Introduction du chapitre 3

Bien que l'intitulé de cette partie porte sur une période rétrospective de 50 ans, cette phase de la période coloniale est cruciale pour la compréhension de la dynamique de conservation du parc durant la période nationale. En effet, l'avenir ne naît pas du néant. Il tire sa source dans les profondeurs du passé, car il y a des éléments du passé qui sont encore pertinents pour comprendre le présent et le passé. La création du parc en 1972 est donc le fruit de la politique coloniale de conservation de la nature. C'est tout le sens de ce chapitre qui va explorer toute la période coloniale allant de 1893 à 1960. Cette stratégie coloniale de conservation de la forêt de Taï a été marquée par une évolution significative, reflétant les changements de perception et d'approche de la gestion des ressources naturelles durant cette période. Si, initialement, la forêt de Taï était considérée comme une source de richesses exploitables, notamment pour son bois précieux, les autorités coloniales ont fait évoluer leur approche en fonction des missions et objectifs assignés à ce secteur d'activités. Le présent chapitre vise à présenter le cadre institutionnel, réglementaire et opérationnel du secteur de la conservation de la nature qui a prévalu durant cette période et les résultats obtenus.

3.1. Les objectifs de la conservation

La conservation de la nature était une préoccupation majeure des nouveaux administrateurs de la colonie naissante de Côte d'Ivoire. Elle est le résultat des actions concertées du Ministre des colonies au niveau de la métropole, du Gouverneur général de l'Afrique Occidentale Française et du Lieutenant-Gouverneur de la colonie qui fait exécuter les décisions sur le terrain par tous les démembrements de son administration. Les indigènes sont restés en marge de cette gestion jusqu'en 1935 où la loi de classement des forêts les associait de façon scripturale. Néanmoins, leurs droits d'usage sur la forêt ont été conservés. Cette organisation centralisée avait un objectif suffisamment clair que relève Kablan (1982) : « *Essayer de protéger et de favoriser l'exploitation forestière par une réglementation sagement rigoureuse et qui sérieusement appliquée serait efficace* ». En d'autres termes, l'ambition était de protéger la forêt en vue de l'exploiter. Cette vison va se traduire dans le cadre juridique et opérationnel de ce secteur.

3.2. Un cadre juridique et réglementaire évolutif

Trois lois locales et une convention internationale ont marqué cette phase. Sept ans après la création de la colonie de Côte d'Ivoire, elle bénéficie déjà de son premier texte de loi. C'est une réponse active aux premières exploitations de la forêt de la colonie qui ont lieu à l'Est du territoire à partir de Grand-Bassam (Kablan, 1982). Le 20 Juillet 1900, il est pris le premier Décret portant organisation du régime forestier de la colonie de Côte d'Ivoire (Ibo, 2004). Ce texte de loi est inspiré du code forestier algérien et de la réglementation forestière en vigueur depuis 1899 au Congo français, et ce, sur insistance de Décrais Alain, Ministre des colonies (Kablan, op. cit). Entre 1900 et 1912, l'expérience acquise montre que les dispositions de la loi de 1900 ne correspondent plus aux progrès réalisés par la jeune colonie. En effet, des insuffisances ne permettaient pas de sanctionner de pénalités, sauf d'une amende de 20 francs, les infractions du Décret de 1900. La fraude était ainsi encouragée par la certitude de savoir la répression désarmée. De nouveaux procédés d'exploitation s'imposent donc. Ainsi, dans la seule colonie de Côte d'Ivoire, le 18 Juin 1912, un Décret est pris en vue de réglementer le régime forestier. Cette nouvelle réglementation a favorisé l'aménagement régulier des coupes et des peuplements. Elle répondait ainsi au souci des Colons de mettre en harmonie la législation forestière avec les besoins nouveaux et les transformations profondes en voie de réalisation dans les méthodes de commerce et d'industrie (Ibo, 2004). Ces deux premières lois visaient à réserver les forêts en vue de leur exploitation.

Vingt-trois ans plus tard, face à l'inefficacité des réglementations antérieures, un nouveau Décret est pris, le 4 Juillet 1935. Ce nouveau texte s'inspire des codes forestiers parus pour l'Indochine et Madagascar. Il marque un tournant décisif dans la conservation de la nature en Côte d'Ivoire, car, le terme exploitation est quasiment absent de ce texte. Les objectifs que s'assigne cette réglementation de 1935 sont d'assurer la protection des forêts existantes par une répartition judicieuse de celles-ci en catégories nettement déterminées, de réprimer plus sévèrement les délits commis par les exploitants, d'étendre les droits reconnus aux agents forestiers et de renforcer les mesures punitives ou encore préventives susceptibles de combattre efficacement les abus de toutes sortes. En somme, il s'agit de protéger la forêt en vue de sa reconstitution. Avec ce texte naissent les forêts classées et les forêts protégées et sont définis de façon générale les concepts relatifs à la protection de la forêt ivoirienne. Aux dires des experts[6], c'est le texte le plus "écologique" de la période coloniale. C'est ce dernier texte de loi qui va conduire les destinées de la nature ivoirienne jusqu'en 1965.

Au niveau international, la convention relative à la conservation de la faune et de la flore à l'état naturel signée à Londres, le 8 novembre 1933, ratifiée par la France en 1937, n'a pas profondément influencé la gestion de la nature dans la colonie de Côte d'Ivoire. S'agissant de la faune, la chasse qui ne bénéficiait pas d'un cadre juridique solide va être mieux réglementée dans les colonies de l'AOF avec le Décret du 25 Mars 1914.

Le parc de Taï qui a été gouverné par ce cadre juridique a connu plusieurs interventions réglementaires concernant sa toponymie et ses limites. Ainsi, après son classement en « Parc refuge de la région forestière du Moyen Sassandra et du Bas Cavally » en 1926, le parc va connaître une transformation en « Réserve spéciale de faune » au Congrès international de Londres, le 08 Novembre 1933. Le 20 Mai 1955, elle porte désormais le statut de « Forêt classée de Taï-Hana » et connaît un déclassement partiel, le 31 Mai de cette même année. Par l'Arrêté n° 56-87 du 07 Août 1956, cette forêt classée est transformée en « Réserve intégrale pour la Flore et la Faune de Taï » (OIPR, 2006). Le parc refuge passe de 960 000 hectares, à son classement, en 1926 à 430 000 hectares lors de sa dernière modification avant la phase nationale.

3.3. Un cadre institutionnel très centralisé

Deux structures ont été chargées de la gestion de la « nature » ivoirienne durant la période coloniale. En 1912, l'Arrêté du 12 Mars crée un service forestier à la Côte d'Ivoire. Le texte de loi indique que ce service est placé sous la direction d'un fonctionnaire des Eaux et Forêts de la métropole ou à défaut d'un fonctionnaire de l'ordre administratif. Le service forestier centralise, étudie et traite, pour le

---

[6] C'est l'opinion du Professeur Ibo, socio-historien, environnementaliste à l'Université d'Abobo-Adjamé, Abidjan, Côte d'Ivoire.

Lieutenant-Gouverneur, toutes les questions ou affaires de quelque nature que ce soit se rapportant à la mise en valeur ou à l'exploitation du domaine forestier. Le chef du service forestier travaille en collaboration avec les différents chefs de service et avec les commandants de cercle (Ibo, 2004). Mais, c'est effectivement en 1924 qu'arrivent les premiers forestiers de la colonie. Ce service forestier des Eaux et Forêts va connaître une réorganisation en 1954 avec le Décret n° 54-471 du 22 Janvier 1954. Désormais, dans les territoires africains relevant du Ministère de la France d'Outre, des conservateurs sont placés à la tête de conservations des réserves naturelles et parcs nationaux. Ces conservateurs sont chargés du classement, de l'organisation et de la surveillance des réserves naturelles intégrales, des parcs nationaux, des zones de protection et des réserves spéciales ainsi que de la conservation de certaines richesses naturelles ou de leur mise en valeur par l'organisation du tourisme. L'article 5 du même Décret indique que les conservations des réserves naturelles et parcs nationaux constituent des sections spéciales des Services des Eaux et Forêts. Particulièrement au niveau de la colonie de Côte d'Ivoire, le Service des Eaux et Forêts est créé par Arrêté n° 1070/ SF du 19/02/1953 du Gouverneur. En 1952, la Réserve spéciale de faune (appellation donnée au parc de Taï à la convention de Londres en 1933) a été confiée à l'Inspection de Man (Kouassi, 2002 ; OIPR, 2006).

Après le service forestier, un Arrêté est pris le 15 Décembre 1940 et porte sur la création et l'organisation de l'école forestière de l'Afrique Occidentale Française. En ses articles premier et deux, le texte stipule qu'il est créé en Côte d'Ivoire, une école d'application dite « Ecole Forestière de l'AOF » dont le siège est à Abidjan. Placée sous la haute autorité du Gouverneur général, elle est administrée par le Gouverneur de la Côte d'Ivoire. Elle a pour objet de former les assistants-forestiers pour les diverses colonies de la Fédération. C'est l'actuelle école forestière du Banco (Ibo, 2004).

3.4. La mise en œuvre de la stratégie coloniale

Elle est abordée suivant trois axes : les mesures de protection de la forêt, la réglementation de la chasse et les moyens opérationnels de l'administration forestière.

3.4.1. La protection de la forêt

Durant la période coloniale, les aires protégées découvertes sont le fruit de missions d'exploration effectuées par des militaires, des administrateurs ou des naturalistes. C'est lors de l'une de ces missions d'investigation que l'intérêt de l'actuel parc national de Taï est perçu dès le début du siècle, notamment par Auguste Chevalier qui, partit en mission de Soubré, atteint le Cavally en 1907. Un parc-refuge de la région forestière du Moyen Sassandra et du Bas Cavally, d'une superficie de 960 000 hectares est alors créé en 1926 (Kouassi, 2002 ; Lauginie, 2007). Mais, avant comme après sa création, ce parc refuge va être soumis aux mêmes règles de la stratégie de conservation de la nature dans la colonie de Côte d'Ivoire.

En la matière, la loi du 20 Juillet 1900 portant organisation du régime forestier de la Côte d'Ivoire indique en son article 3 que le Gouverneur pourra décider de la mise en réserve, jusqu'à nouvelle décision, de telles parties de forêts déjà exploitées qu'il jugera utile de préserver. Il pourra à cet effet imposer à l'exploitant tel mode d'exploitation qui sera jugé convenable. Des forêts sont donc mises en réserve par l'administration coloniale, en vue de son exploitation dans l'avenir. Ce Décret précise les règles de l'exploitation et donne la possibilité d'imposer aux exploitants l'obligation de planter à leurs frais un nombre d'arbres ou de plants d'essence de grande valeur.

En 1912, face aux progrès réalisés par la jeune colonie qui n'était plus en harmonie avec « les procédés d'exploitation rationnels et scientifiques actuellement en usage », la loi du 18 Juin 1912 apporte une innovation de taille à l'exploitation de la forêt dans la colonie. Il s'agit des cahiers de charges. L'article 5 dudit Décret stipule que « *La mise en vente des coupes fera l'objet de cahiers des charges dressés par l'administration et indiquant les limites des coupes, lesquelles devront être bornées sur le terrain et faire l'objet de plan à l'appui, dressés par des géomètres détachés au service forestier moyennant une taxe de délimitation dont les tarifs sont fixés par arrêté du Lieutenant-Gouverneur et qui sera acquittée en même temps que le prix de vente. Lesdits cahiers spécifieront si les arbres à prendre doivent être exploités par voie de jardinage et, dans ce cas, le nombre d'arbres à abattre de chaque essence, leur diamètre à 2 mètres du sol, et, si les expertises d'échantillon ont été faites, les avis formulés par les experts sur la valeur du bois. Les arbres compris aux cahiers des charges prévus ci-dessus devront au préalable avoir été frappés, par le service forestier, de l'empreinte d'un marteau triangulaire portant les lettres S.F., chaque arbre recevra un numéro d'ordre qui figurera sur une liste jointe au cahier des charges. Si les coupes doivent être exploitées autrement que par voie de jardinage, les cahiers des charges indiqueront les essences à réserver ou les dimensions au-dessous desquelles les diverses essences doivent être réservées. Les arbres à réserver pourront au surplus, être marqués par le service forestier de l'empreinte d'un marteau triangulaire portant les lettres S.F.S ; chaque arbre recevra un numéro d'ordre qui figurera sur une liste jointe au cahier des charges*» (Ibo, 2004). Cette procédure réglemente mieux l'exploitation et la rend davantage conforme aux règles rationnelles et scientifiques actuellement en usage. Toutes les infractions aux dispositions de ces différents Décrets sont punies d'une amende de 20 francs à 10 000 francs (article 14 de la loi de 1900) et 1 000 francs à 10 000 francs (article 26 de la loi de 1912). Durant toute cette période, les droits d'usage des indigènes dans les forêts sont maintenus afin de leur permettre de tirer profit des produits du territoire où ils sont fixés.

En 1935, la stratégie de protection de la nature en Côte d'Ivoire marque un tournant décisif avec le Décret du 4 Juillet qui institue désormais le classement du domaine forestier en deux catégories : les forêts classées et les forêts protégées qui sont appuyées par les périmètres de reboisement. Toute la première section de ce Décret apporte un éclairage sur le contenu de ces nouveaux concepts. La procédure de classement est clairement précisée et les reboisements sont encouragés par des mesures incitatives. Les droits d'usage des indigènes sont dorénavant réglementés « *de manière à éviter le gaspillage des richesses naturelles de la forêt tropicale, qui ne sont pas inépuisables* » (Ibo, 2004).

3.4.2. Une réglementation encourageant la chasse

En 1914, contrairement au domaine forestier de la colonie qui a déjà fait l'objet de la promulgation de deux importantes lois, la chasse ne bénéficie pas de la même attention de la part des autorités coloniales. Le Ministre de la colonie, dans son rapport au Président de la République Française en date du 25 Mars 1914, indiquait que « *La réglementation de la chasse dans nos colonies de l'AOF n'a encore fait l'objet que de quelques mesures isolées. Or, pour être efficace et utile, une telle réglementation doit comporter un plan d'ensemble et une unité de principe qui lui ont, jusqu'à ce jour fait défaut* » (Ibo, 2004).

En réponse à cette préoccupation, le Décret du 25 Mars 1914 apporte une réglementation à la chasse dans les colonies de l'AOF. L'article 4 du présent Décret demande au Gouverneur général sur proposition du Lieutenant-Gouverneur de la colonie de fixer des périodes de chasse, de spécifier les engins prohibés ou à tolérer, d'établir la nomenclature des espèces animales à protéger ainsi que des animaux nuisibles. L'article 29 institue des réserves de chasse à l'effet de protéger la faune et d'en assurer le repeuplement.

Au niveau de la colonie de Côte d'Ivoire, l'éléphant se présentant comme l'espèce la plus menacée, de nombreux Arrêtés coloniaux sont pris pour réglementer sa chasse. Outre celui du 14 Novembre 1913 qui porte de façon générale sur la réglementation provisoire de la chasse à l'éléphant dans les colonies de l'AOF, deux autres Arrêtés du 7 Février et du 14 Avril 1914 sont pris et traitent respectivement du taux du droit de chasse à l'éléphant et des droits à percevoir pour la chasse de cette même espèce dans la colonie de Côte d'Ivoire. L'Arrêté du 19 Juin 1923 accorde une prime sur l'ivoire aux indigènes pour les éléphants qu'ils ont abattu. Ceux du 14 Juillet et du 7 Septembre 1942 fixent des périodes de chasse et réglementent la vente de l'ivoire. En somme, des périodes de fermeture et d'ouverture de la chasse sont fixées. Cette chasse libre qui peut être pratiquée de façon collective ou individuelle est ouverte aux Européens comme aux indigènes. Paradoxalement, l'abattage de l'éléphant, espèce la plus menacée, est encouragé par les différents arrêtés coloniaux. L'article premier de l'Arrêté du 19 Juin 1923 déclare « *Il est institué une prime de cinq francs par kilogramme d'ivoire apporté dans les chefs-lieux de cercles ou de subdivisions par les indigènes pour toute dent ou défense pesant plus de deux kilogrammes provenant d'éléphants abattus par eux* ». L'arrêté du 14 Juillet 1942 confirme cette règle en son article 6 : « *Lorsqu'une bête est abattue, l'ivoire en provenant est remis immédiatement aux représentants du commandement territorial. Si l'action de chasse provient d'indigènes, la viande représentée par l'éléphant abattu leur appartient de droit. Ils perçoivent en sus, de l'agent spécial du lieu de chasse contre remise des pointes d'ivoire, une prime égale au quart de la valeur des pointes décomptée suivant une base forfaitaire déterminée chaque année par décision du chef de la colonie* ». La période coloniale a donc consacré la destruction de l'éléphant, identité de la colonie de Côte d'Ivoire. Outre l'éléphant, d'autres espèces ont été l'objet d'une exploitation particulière. Ainsi, face aux déprédations des panthères contre les indigènes ou contre leurs troupeaux, Angoulvant, par l'arrêté du 6 Novembre 1912, a institué sur tout le territoire de la colonie, une prime fixée à vingt francs par animal détruit.

Le tourisme cynégétique colonial était également encouragé à travers les autorisations accordées aux Européens ou assimilés pour se livrer à la chasse à l'éléphant. Le projet de Décret du 25 Mars 1914 était aussi motivé par cette forme d'exploitation de la faune sauvage.

3.4.3. Les moyens opérationnels

La construction des espaces protégés durant la période coloniale s'est réalisée grâce aux missions d'exploration de la nouvelle colonie par des militaires, des scientifiques ou par des administrateurs. Suivant cette stratégie, plus de 90% du réseau actuel des aires protégées de la Côte d'Ivoire indépendante a été créé durant la période coloniale. La protection de ces réserves était confiée à un personnel technique composé d'agents métropolitains des Eaux et Forêts. En 1953, la réorganisation du service forestier a donné la configuration suivante : une direction à Abidjan, une section des recherches forestières, une section chasse, pêche et protection de la nature et sept inspections territoriales divisées en cantonnements à Grand-Bassam, Abidjan, Sassandra, Agboville, Dimbokro, Bouaké et Man. Très conscients de l'importance que revêt le secteur forestier pour l'économie de la nouvelle colonie, la métropole a très tôt mis à la disposition de ce secteur d'importants moyens pour sa protection. Pour preuve, après la promulgation du Décret de 1900 relatif au régime forestier de la colonie de Côte d'Ivoire, des crédits nécessaires sont prévus à cet effet. Dès 1911, ce sont 7 800F qui sont alloués au secteur forestier. En 1912 et 1913, ce sont respectivement 40 000F et 59 970F. Selon Ibo, le budget de la forêt représentait plus de la moitié du budget total de la colonie en 1912.

3.4.4. Le contrôle et l'évaluation

Ces deux aspects de la gestion moderne n'étaient pas absents de la stratégie coloniale. Toutes les lois qui ont été édictées sont nées de l'évaluation de l'efficacité des textes antérieurs. Tirant les leçons des expériences de la métropole en matière de gestion forestière, l'administration en place évaluait de façon périodique la stratégie et proposait, si besoin était, de nouveaux textes plus appropriés au contexte du moment. Le Garde des Sceaux, Ministre de la Justice et celui des colonies précisaient dans leur rapport adressé au Président de la République relativement au Décret du 12 Juin 1912 réglementant le régime forestier de la colonie ce qui suit : « *Une exploitation de près de douze années a fait apparaître la nécessité de compléter et de modifier, sur certains points, la législation existante. Cette dernière ne correspond plus en effet, aux progrès économiques réalisés par notre jeune colonie et ne trouve plus en harmonie avec les procédés d'exploitation rationnels et scientifiques actuellement en usage, etc. La nouvelle réglementation favorisera l'aménagement régulier des coupes et des peuplements.* ». Le rapport identique adressé au Président de la République en rapport avec la loi du 4 Juillet 1935 indique dans les premières lignes que « *Ce nouveau texte est motivé par l'insuffisance des réglementations antérieures, qui se sont révélées inaptes à assurer la protection efficace des forêts de notre domaine de l'Ouest africain, etc. Le projet de décret présenté tend à remédier, dans la mesure du possible, aux lacunes des anciens textes, et sera applicable à toutes les colonies du groupe de l'Afrique Occidentale française, la Côte d'Ivoire comprise* ».

Au niveau de la faune, la procédure est la même. Le Ministre des colonies dans son rapport au Président de la République en préparation du Décret du 25 Mars 1914 faisait remarquer que « *La réglementation de la chasse dans nos colonies de l'AOF n'a encore fait l'objet que de quelques mesures isolées. Or, pour être efficace et utile, une telle réglementation doit comporter un plan d'ensemble et une unité de principe qui lui ont, jusqu'à ce jour fait défaut, etc. C'est en s'inspirant de ces considérations et en vue de favoriser en même temps le tourisme cynégétique colonial, que mon département, après avis de la commission permanente de la chasse, instituée auprès de lui, a préparé le projet de décret que j'ai l'honneur de soumettre à votre haute sanction, après l'avoir soumis à l'appréciation de M. le Garde des Sceaux et tenu compte de ses observations* ». Ces constantes évaluations du cadre juridique en rapport avec les réalités qui prévalaient dans la colonie ont conduit à une reformulation permanente de la stratégie coloniale pour la rendre plus efficace.

3.5. Le bilan de la conservation durant la phase coloniale

La base du réseau des aires protégées de la Côte d'Ivoire, y compris l'actuel parc national de Taï, a été découverte durant la période coloniale[7]. Deux phases ont marqué cette période de création de ces espaces. Celle allant de 1926 à 1945 est caractérisée par un nombre croissant de classement de sites naturels quand la suivante note les premières soustractions dans ce domaine classé. Cette procédure tient compte, en effet, de la culture forestière de la métropole d'une part, eu égard à ses déboires durant les périodes antérieures, et du souci de transfert de ce savoir-faire à leurs colonies d'autre part.

S'agissant particulièrement de la forêt classée de Taï, elle était à l'état traditionnel habitée que par les autochtones, c'est-à-dire les Wê à l'Ouest et les Bakwé à l'Est qui, par ailleurs, ont une conception immatérielle de la forêt. La culture de chasseur de ces peuples n'a pas également affecté la faune de cette forêt, car les populations n'exerçaient seulement que leurs droits d'usage qui n'avaient pas encore un caractère commercial.

La gestion de la ressource forestière durant la période coloniale est riche d'enseignements. La métropole qui a tiré les leçons de ses déboires en matière de conservation de sa nature veut protéger les forêts de ses colonies en vue de leur exploitation rationnelle. Pour y parvenir, une stratégie d'exploitation qui bénéficie de moyens opérationnels conséquents est mise en place. Pour encadrer cette stratégie, des dispositifs juridiques et institutionnels qui sont continuellement évalués permettent de corriger les insuffisances et surtout de réajuster la vision et la stratégie en accord avec les exigences économiques et technologiques du moment. Toute cette rigueur de la stratégie coloniale est conforme dans ses principes et dans sa pratique au modèle de Management stratégique de Harisson et St John (2002). La figure 4 qui suit présente le modèle de management stratégique de Harisson.

[7] Conservation de la nature et des aires protégées en Côte d'Ivoire. Cette étude est une monographie de toutes les aires protégées du pays.

Figure 4: Modèle de Management stratégique de Harisson

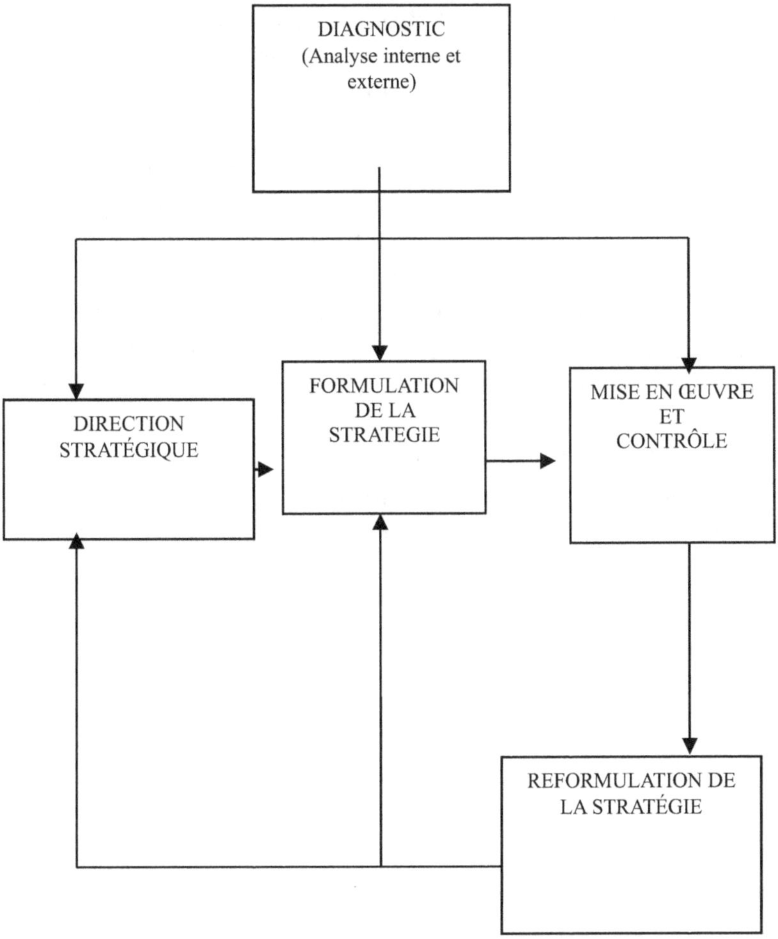

Source: Jeffrey S. Harrison & Caron H. St John, 2002

Ainsi, les colons tirant profit de leurs échecs ont su allier deux objectifs apparemment antinomiques : la protection et l'exploitation de la ressource forestière de la zone. Ce pari a été réussi en mettant en place un cadre stratégique rigoureusement suivi ; ce qui a permis de céder aux nationaux un patrimoine forestier encore intact.

Conclusion du chapitre 3

La stratégie coloniale de conservation de la forêt de Taï, appliquée de 1893 à 1960, a marqué le début d'une conscience accrue de la nécessité de protéger les ressources naturelles en Côte d'Ivoire. Sous l'administration coloniale française, des réserves forestières ont été établies pour réglementer l'exploitation du bois et du caoutchouc, principalement dans un but économique. Cependant, cette approche a souvent négligé les droits et les besoins des populations locales, entraînant des tensions et des conflits. Malgré ses imperfections, la stratégie coloniale de conservation a contribué à préserver une partie de la biodiversité de la forêt de Taï, offrant ainsi un héritage sur lequel les efforts de conservation modernes peuvent s'appuyer. Les leçons tirées de cette période soulignent l'importance de l'engagement communautaire et de la prise en compte des connaissances locales dans la gestion durable des ressources naturelles. Une base sur laquelle devront s'appuyer les nationaux pour la conservation du bel héritage colonial.

Chapitre 4
L'expérience des Cellules d'Aménagement dans la conservation du parc national de Taï

Introduction du chapitre 4

Cette phase part de 1960 à 1992[8], date qui est considérée comme un tournant décisif dans la conservation du parc national de Taï. Ainsi, durant ces 30 premières années de l'ère nationale, la conservation du parc a été marquée par des accords internationaux et la mise en place des Cellules d'Aménagement.

Ces conventions visaient à inscrire la stratégie de conservation nationale des ressources naturelles dans un cadre international afin de faire face aux tentations de surexploitation locale. Quant aux Cellules d'Aménagement, elles étaient l'opportunité nationale de protéger le bel héritage de la colonisation en matière de conservation de la nature.

Cette convergence d'efforts à différents niveaux visait à protéger le parc national de Taï et sa biodiversité unique. Ces outils de gestion ont joué des rôles distincts, mais complémentaires dans la lutte pour la préservation de cet écosystème précieux, illustrant ainsi l'importance de la coopération multiforme dans la conservation environnementale. Dans ce chapitre, il s'agira d'analyser la stratégie mise en place durant ces 30 premières années de la phase nationale, à travers ses cadres institutionnel et réglementaire, ses outils opérationnels ainsi que le bilan de sa mise en œuvre.

4.1. Bref retour sur les textes et conventions mis en place entre 1960 et 1972

L'histoire de la conservation des parcs nationaux en Côte d'Ivoire est intimement liée à un cadre juridique et réglementaire établi progressivement à travers des textes législatifs et des conventions internationales. Entre 1960 et 1972, le pays s'est engagé dans la préservation de ses parcs nationaux, influencé par les progrès réalisés

[8] Cette date marque la création du Projet d'Appui à la Conservation du Parc National de Taï (PACPNT) qui fera l'objet du chapitre 5.

au niveau international en matière de protection de l'environnement. Ce processus a été façonné par un ensemble de textes et de conventions qui ont orienté les politiques de conservation des parcs dans le pays.

La Côte d'Ivoire a signé plusieurs accords internationaux importants pendant cette période. En 1962, elle a signé la Convention sur le criquet migrateur africain, suivie en 1963 par la ratification de cette convention. La même année, le pays a également signé (i) un traité interdisant les essais d'armes nucléaires dans l'atmosphère, dans l'espace extra-atmosphérique et sous l'eau, adopté à Moscou, et (ii) la Convention Internationale sur la responsabilité civile pour les dommages dus à la pollution par les hydrocarbures, adoptée à Bruxelles en 1966. En 1969, elle a signé deux conventions importantes pour la préservation de la nature : la Convention Africaine sur la Conservation de la nature et des ressources naturelles, adoptée à Alger en 1968, et la Convention Africaine sur la Conservation des Ressources Naturelles, modifiée à Alger en 1969. En 1971, le pays a signé la Convention de RAMSAR, relative aux zones humides d'importance internationale, particulièrement comme habitat des oiseaux d'eau. Enfin, la Convention Internationale pour la conservation des thonidés de l'Atlantique, adoptée à Rio de Janeiro en 1966 a été signée par la Côte d'Ivoire en 1972. Ces accords et conventions internationaux ont joué un rôle crucial dans l'établissement des politiques de conservation des parcs nationaux en Côte d'Ivoire, démontrant l'engagement du pays envers la protection de la biodiversité et des habitats naturels. Ainsi, les cellules d'Aménagement ont été mises en place comme une stratégie de conservation.

4.2 Les Cellules d'Aménagement, une poursuite de la stratégie coloniale dans la phase nationale

Avant son érection en parc national en 1972, la « réserve de flore et faune de Taï » était gérée par le Cantonnement Chasse de Duékoué ayant en charge le parc national du Mont Peko depuis 1968. Jusqu'en 1987, la gestion du nouveau parc national de Taï est confiée à une Inspection Chasse basée à Soubré. Mais, suite à la mission de rédaction du plan sectoriel et forestier ivoirien par la Banque Mondiale qui a retenu les parcs nationaux comme éléments fondamentaux dans la protection des écosystèmes et vu les différentes agressions qui les menaçaient, le gouvernement a décidé d'ériger progressivement les parcs nationaux en des Cellules autonomes. C'est ainsi que le 26

Septembre 1988, l'intégralité de la gestion du parc national de Taï est confiée à la Cellule d'Aménagement du Parc National de Taï (CAPNT).

Le cadre juridique qui a prévalu à la gestion du parc national de Taï durant cette période s'est appuyé sur les lois écrites juste après l'accession de la Côte d'Ivoire à l'indépendance. Il s'agit de la loi n° 65-255 du 04 Août 1965 relative à la protection de la faune et au contrôle de la chasse, et le Décret 66-433 du 15 Septembre 1966 portant procédure de classement et de déclassement des réserves naturelles intégrales ou partielles et des parcs nationaux, ainsi que de la Loi 65-425 du 20 Décembre 1965 portant Code Forestier.

Face à la dégradation particulière de la faune, le législateur a renforcé la protection de la faune sauvage avec l'Arrêté ministériel n° 3/SEPN de Février 1974 portant sur la fermeture de la chasse sur toute l'étendue du territoire ivoirien (Voir Journal Officiel n° 13 de 1974). Ces cellules avaient plusieurs missions présentées dans la section suivante.

4.2.1. Les missions de la CAPNT

De l'Inspection à la Cellule d'aménagement, les missions ont évolué au même titre que les appellations. Sous l'ère de l'Inspection, la mission de l'État était de sauvegarder les parcs nationaux sur fonds propres. Mais, avec la création des Cellules, la mission de l'État était de réunir des fonds au niveau du BSIE (Budget Spécial d'Investissement et d'Équipement) ainsi que des institutions internationales pour la conservation de ces aires protégées. Si la mission principale de la surveillance et de la protection était invariante, les moyens stratégiques et opérationnels devraient connaitre une évolution sous la CAPNT.

4.2.2 Les moyens stratégiques et opérationnels

L'Inspection avait son siège à Soubré. Elle avait sous ses ordres les cantonnements de Buyo, Taï, Grabo, et San Pedro avec six brigades qui sont celles de Guiroutou, Zagné, Taï, Djidoubaye à l'Ouest ainsi que Soubré et ADK à l'Est. En 1977, l'Inspection avait un effectif de 72 personnes constitué de 38 gardes des Parcs Nationaux, 13 chauffeurs, 8 chefs d'équipe TP, 5 Chefs de cantonnement, 1 dactylographe, tous sous le commandement d'un Chef de l'administration des Parcs Nationaux. La superficie du Parc National de Taï en 1977 étant de 340 000 hectares, chaque garde couvrait une superficie moyenne de 8 947 hectares de forêt. Les moyens matériels étaient constitués d'un parc automobile de 7 camionnettes bâchées Peugeot 404 dont 4 étaient hors d'usage, 1 véhicule à benne hors service, 7 petits véhicules Citroën "baby brousse " dont 4 étaient hors services, 2 camions à benne dont 1 était hors service, 1 véhicule tout terrain Land Rover pour l'assistance technique allemande et plusieurs mobylettes.

À compter de 1987, avec l'avènement de la CAPNT, le poste de Dogbo dans la sous-préfecture de Grand-Béréby s'est ajouté aux six premières brigades appelées désormais postes. La Cellule avait un personnel de 71 agents forestiers pour une superficie de 454 000 hectares, soit une couverture moyenne par agent de 6 394 hectares. En termes de moyens matériels, le parc disposait désormais de radios pour faciliter la communication et rendre le travail plus efficace. Le matériel roulant, quant à lui, demeure toujours insuffisant. Le tableau 15 présente les moyens matériels et humains de la CAPNT en 1987.

Tableau 15: Moyens matériels et humains du CAPNT en 1987

Bordures	**Sous-préfecture**	**Postes**	**Nombre d'agents**	**Véhicules**	**Autres moyens**
Ouest	Taï	Taï	20	4	Radio et 2 mobylettes
Ouest	Taï	Zagné	10	1	Radio
Ouest	Taï	Djiboulaye	3	-	1 mobylette
Ouest	Grabo	Djiroutou	8	1	Radio
Nord	Buyo	CIBB/ADK	12	1	Radio
Est	Sans Pedro	Soubré	16	1	Radio
Sud	Grand-béréby	Dogbo	3	-	3 mobylettes
Total parc	-	-	**71**	**8**	**6 mobylettes**

Source : Kientz, 1992 in Kouassi, 2002

Dans l'ensemble, les moyens opérationnels de la CAPNT demeurent insuffisants au regard de la superficie du parc. Par ailleurs, cette aire protégée a bénéficié de l'appui des partenaires internationaux.

4.2.3. Une stratégie marquée par le vif intérêt des partenaires internationaux

Représentant l'administration forestière pour la gestion du parc, les Inspections de Soubré et San Pédro avaient en charge la surveillance et la protection du parc dès sa création, les activités de recherche étant menées par des partenaires, en accord avec cette administration. Les Inspections avaient des ramifications dans la périphérie du parc : ce sont les Postes de Taï, Djouroutou, ADK, Zagné, Djidoubaye, Grabo ; mais ces structures étaient toutes placées sous l'autorité d'une Direction Centrale chargée des Parcs nationaux à Abidjan. Les principaux partenaires de cette époque, à savoir le WWF-International, l'UNESCO, le MATA et des structures de recherches scientifiques, ont mis en œuvre des projets de valorisation, de recherche et d'aménagement du parc. Dès le milieu des années soixante-dix, le WWF-International s'est mobilisé pour la sauvegarde du parc, lançant l'alarme contre les exploitations frauduleuses réalisées par la société ADK depuis la Réserve du N'Zo. Le soutien financier mis en place a permis de prendre en charge les premiers travaux de délimitation en 1982.

En 1988, cet appui du WWF se concrétise par le Projet « Conservation et développement du Parc national de Taï ». Ses premières activités ont porté sur la délimitation et la surveillance, ainsi que sur la recherche de financements pour une gestion durable de l'aire protégée. Sans être formulé comme un véritable « plan d'aménagement » – au sens de guide pour la décision et la gestion, un document élaboré en 1993 contient les orientations majeures pour l'aménagement du Parc national : « Espace Taï », un programme pour la conservation du Parc national de Taï et de ses aires protégées contiguës (WWF, 1993) ». Ce document est le fruit de la concertation qui a eu lieu en 1992 entre les futurs partenaires du « Projet Autonome pour la Conservation du Parc National de Taï (PACPNT) ».

Par ailleurs, l'UNESCO a initié le « Projet Taï », dans le cadre de son grand programme MAB – Man and Biosphere. De 1973 à 1982, ce projet a traité des effets écologiques de l'accroissement des activités humaines sur les écosystèmes de forêts tropicales, avec deux objectifs : le premier et principal objectif était l'établissement de bases scientifiques pour l'utilisation rationnelle des ressources naturelles et pour l'aménagement intégré des écosystèmes dans les zones forestières tropicales et subtropicales humides. Le second était d'encourager les divers éléments de la collectivité à participer activement aux recherches et à l'aménagement des ressources naturelles de ces zones. Le premier acquis de ce projet est l'intégration officielle en 1978 du parc au réseau international de Réserves de la Biosphère, créé par l'UNESCO. La forte pression d'exploitation forestière et d'occupation agricole qui a prévalu dans la zone a compromis le développement du concept de l'UNESCO instituant pour chaque aire protégée trois zones en vue de planifier l'utilisation rationnelle des ressources naturelles. Si l'étude du Parc national de Taï n'a pas été au centre des préoccupations du « Projet Taï », c'est à la faveur de ce « Programme sur l'Homme et la Biosphère » que la Station de l'Institut d'Écologie Tropicale (IET) y a été créée, en zone périphérique ouest. Cette station a été, à la suite, intégrée au Centre de Recherches en Écologie (CRE) de l'Université d'Abobo-Adjamé. Le Centre Suisse de Recherche Scientifique (CSRS) y a développé ses activités, avec la création des campements « Boesch », « Galat » et « Noé », pour des travaux orientés sur la zoologie des Primates et sur les relations faune-flore. La station a aussi accueilli des chercheurs de l'ORSTOM, du Centre néerlandais, etc. travaillant en écologie, foresterie et agronomie, ainsi qu'en sciences humaines et en médecine « dans le parc ou ses alentours ».

Depuis 1982, le parc national de Taï est devenu « Site du Patrimoine Mondial », toujours sous l'égide de l'UNESCO.

Installée au campement SEBSO à l'est de la zone de protection créée en 1977, une Mission d'Assistance Technique Allemande (MATA) a aussi conduit des travaux de recherche sur le parc national de 1979 à 1981. En liaison avec ces travaux de recherche, la Coopération technique allemande a entrepris à cette époque une vaste étude sur le parc de Taï, dans le but de faire des « propositions visant sa conservation et son développement à des fins de promotion du tourisme » (FGU-Kronberg, 1979).

Présente depuis 1980 dans le cadre du « Centre néerlandais » d'Adiopodoumé et fermé en 1994, la Fondation TROPENBOS (activités suspendues en Côte d'Ivoire depuis le 30 juin 2000), a édité une vaste « Synthèse des connaissances et Bibliographie », sous le numéro 8 de ses « Tropenbos Séries » (Riezebos et *al.*, 1994).

Le fruit de toutes ces contributions a été la signature d'un accord de coopération en 1993, entre, d'une part, le Gouvernement de la République de Côte d'Ivoire et, d'autre part, celui de la République fédérale d'Allemagne. Cet accord porte sur le programme sectoriel forestier et de protection de la nature en Côte d'Ivoire, avec un volet pour « la conservation à long terme du Parc national de Taï et le développement durable du milieu rural environnant qui exerce une influence sur ce parc ». Par les Arrêtés n° 198 du 2 juillet 1993 et n° 74 du 20 mai 1999, les ministères de tutelle d'alors, le Ministère de l'Agriculture et des Ressources Animales, puis le Ministère de l'Environnement et de la Forêt ont (i) créé le « Projet autonome MINAGRA/KfW-GTZ pour la conservation du Parc national de Taï PACPNT » et (ii) défini les rôles des différents partenaires : la Direction de la Protection de la Nature a la responsabilité de la mise en œuvre du programme de conservation du Parc national de Taï quand la KfW et la GTZ apportent conjointement leurs concours financier et technique pour l'exécution du projet. Le projet est exécuté par la Cellule d'Aménagement du parc selon une précision de 1999 et une direction collégiale est mise en place par ces instances pour administrer le projet. À cet effet, le bilan de la mise en œuvre est encourageant.

4.2.2. Le bilan de la mise en œuvre

Au-delà des nombreuses recherches conduites par les partenaires internationaux, l'action des gestionnaires de la Cellule d'Aménagement se limitait juste à l'entretien des limites du parc, à la surveillance et au contrôle des routes carrossables qui entourent le parc. L'analyse des résultats se fera à trois niveaux permet d'apprécier les actions réalisées à savoir le peuplement faunique, la servitude agricole et les incidences sociales.

L'analyse diachronique des études menées par Roth et Mertz ainsi que Hoppe Dominik respectivement en 1986 et 1996 révèle clairement une baisse généralisée des mammifères (espèces étudiées) dans le parc national de Taï. La vie animale avait quasiment disparu du secteur Est du parc à cause de l'intense activité de braconnage. Les plus audacieux de ces délinquants avaient même élu domicile au cœur du parc qui était redouté par les agents forestiers (Kouassi, 2002). À côté de ce mal, l'aire agricole du parc était évaluée à 1,4% de sa superficie totale. La situation n'était certes pas alarmante comparée à celles de certains parcs comme Azagny (10%) et Marahoué (20%), mais elle n'était non plus négligeable. Au niveau social, il en a résulté des rapports conflictuels entre les gestionnaires et les riverains.

C'est donc dans ce contexte d'échec de la politique de protection du parc qui, au vu de sa forte richesse biologique, suscitait l'intérêt de la communauté internationale, qu'est né le Projet Autonome pour la Conservation du Parc National de Taï (PACPNT) en 1993.

Conclusion du chapitre 4

Dans la vie du parc national de Taï, la période allant de 1960 à 1992 a été marquée par la signature de conventions internationales qui ont ouvert la voie à des stratégies novatrices pour sa protection. Ces accords ont jeté les bases d'une approche plus inclusive et participative de la conservation, mettant en lumière l'importance de l'engagement des communautés locales dans la préservation de la biodiversité. La mise en place de la Cellule d'Aménagement du Parc National de Taï est un exemple de la prise en main nationale de la conservation de ces espaces protégés. Poursuivant la stratégie coloniale, l'approche de l'Inspection de la Chasse qui s'est muée en Cellule d'Aménagement se révèle néanmoins encore très dirigiste. Cependant, elle innove avec une plus grande participation des partenaires internationaux qui posent les bases d'une gestion plus apte au statut du parc de Taï avec la création du Projet Autonome pour la Conservation du Parc National de Taï (PACPNT).

Chapitre 5
Le PACPNT, le tournant de la conservation du parc de Taï

Introduction du chapitre 5

La mise en place du Projet Autonome de Conservation du Parc National de Taï (PACPNT) en 1993 a marqué une étape significative dans l'histoire de la conservation de ce joyau de biodiversité en Côte d'Ivoire. Sur la période allant de 1993 à 2002[9], le PACPNT a joué un rôle central dans la préservation de cet écosystème unique, menacé par diverses pressions anthropiques et environnementales. Ces deux décennies ont été caractérisées par des efforts soutenus visant à concilier les besoins de conservation de la biodiversité avec le développement socio-économique des populations riveraines, tout en impliquant les parties prenantes locales et internationales dans la gestion durable de ce parc national. Dans ce chapitre, il s'agit de mettre en lumière les missions et objectifs du PACPNT, les principaux acteurs impliqués, la stratégie opérationnelle ainsi que les principaux défis et réussites rencontrés au cours de sa mise en œuvre.

5.1. Création, organisation et moyens opérationnels du PACPNT

La mise en place du Projet Autonome de Conservation du Parc National de Taï (PACPNT) marque une étape importante dans l'histoire de la conservation de cette aire protégée. Ce plan, mis en place de 1993 à 2002, représente une approche novatrice visant à concilier la protection de la biodiversité du parc avec les besoins des populations locales. Le PACPNT a été créé dans un contexte où le parc national de Taï, reconnu pour sa richesse biologique exceptionnelle, était confronté à de nombreuses menaces telles que le braconnage, l'exploitation forestière illégale et la pression démographique croissante. Afin de répondre à ces défis, le PACPNT a été conçu comme un cadre stratégique visant à assurer la conservation à long terme du parc tout en favorisant le développement durable des communautés riveraines. Son

---

[9] Cette date marque l'avènement de l'Office Ivoirien des Parcs et Réserves (OIPR) qui fera l'objet du chapitre 6.

organisation repose sur la collaboration et la participation, impliquant les autorités de conservation, les communautés locales, les organisations non gouvernementales (ONG) et les partenaires internationaux. Cette stratégie vise à garantir une gestion transparente et efficace du parc, en tenant compte des besoins et des connaissances des différentes parties prenantes.

5.1.1. Nécessité de la création du PACPNT

Les limites constatées dans la gestion de l'Inspection et de la Cellule d'Aménagement du Parc National de Taï ont conduit l'État de Côte d'Ivoire, avec le concours des partenaires internationaux, à initier, en 1993, le Projet Autonome pour la Conservation du Parc National de Taï (PACPNT). Ce projet a vu le jour par l'Arrêté n° 198 du 02 Juillet 1993 en tant que nouvelle unité ayant en charge la gestion du Parc National de Taï. L'objectif qu'affiche cette nouvelle structure à caractère international est la conservation à long terme de l'écosystème forestier du parc national de Taï avec la collaboration de la population riveraine. En appui des lois qui présidaient déjà à la conservation de la nature de façon spécifique, il est élaboré la Loi n° 96-766 du 3 octobre 1996 portant code de l'environnement. L'Environnement est désormais appréhendé sous l'angle géosystémique à travers les distinctions faites entre l'environnement naturel et l'environnement humain. Mais, de façon spécifique aux aires protégées, le présent code vise en son article 2 à : « *protéger les sols, sous-sols, sites, paysages et monuments nationaux, les formations végétales, la faune et la flore et particulièrement les domaines classés, les parcs nationaux et réserves existantes* ». Il vient donc rappeler la volonté manifeste de l'État de protéger son remarquable réseau d'aires protégées qui connaît une forte dégradation.

5.1.2. Organisation du PACPNT

L'atelier de planification du projet organisé à Grand-Béréby du 22-11-1993 au 03-12-1993 a identifié les obstacles majeurs suivants à la conservation à long terme du Parc National de Taï : les insuffisances de développement socio-économique dans la zone riveraine du Parc et d'aménagement du parc. Suite à ce diagnostic, l'atelier a recommandé au PACPNT d'élaborer et de mettre partiellement en application, avec la participation des populations riveraines, un plan pilote d'aménagement intégré du site. Dans ce cadre, le projet a identifié des domaines où il devrait intervenir auprès des populations riveraines pour leur développement socio-économique et donc pour la conservation à long terme du Parc. Il s'agit de l'aménagement intégré des bas-fonds et l'intensification agricole (riziculture, pisciculture, maraîcher), l'aménagement de la protéine animale et l'intégration Agriculture-Elevage (porc, volaille, aulacode, etc.), la promotion de l'information, la sensibilisation et l'éducation environnementale. Pour la réalisation de ces objectifs, le PACPNT s'est doté de cinq divisions comme l'indique son organigramme (Cf. Figure 10).

Figure 5: Organigramme du PACPNT

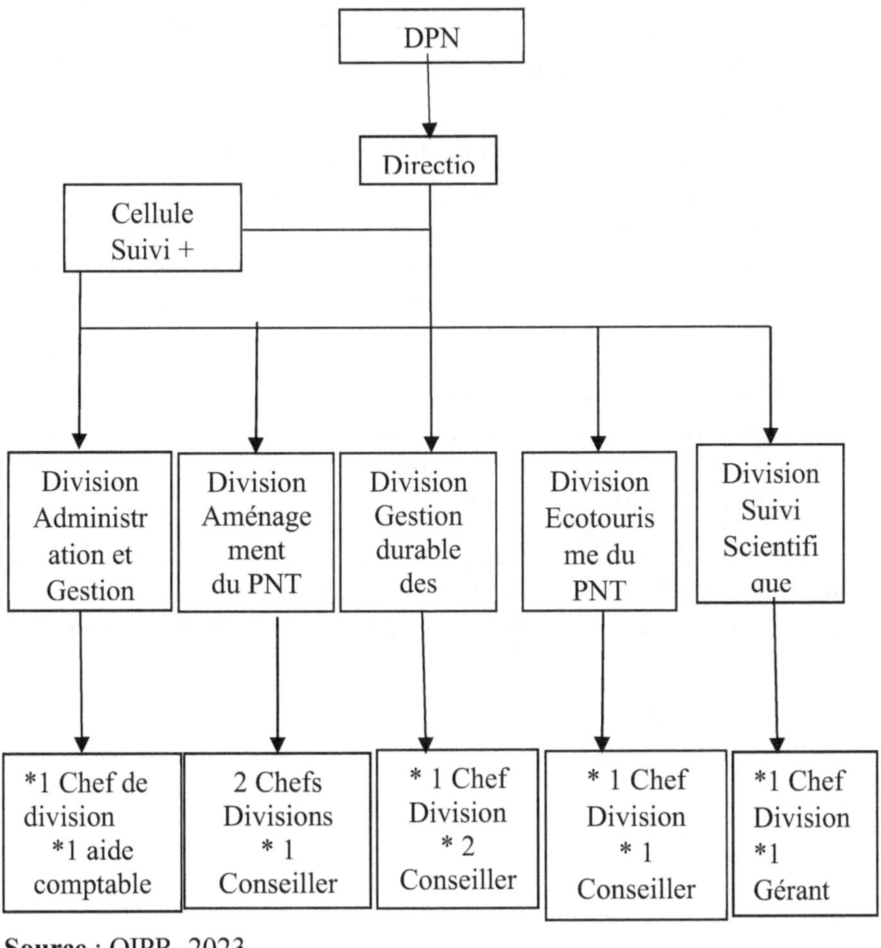

Source : OIPR, 2023

Le PACPNT comprend cinq (5) divisions, à savoir :

- la Division de l'administration et de la gestion du projet est chargée de la gestion quotidienne du personnel et des finances du PACPNT ;

- la Division de l'aménagement du Parc National de Taï est chargée de surveiller le parc, de créer des infrastructures de surveillance, d'assurer la formation des agents commis à cette tâche, d'entretenir et de réhabiliter les pistes de surveillance, de matérialiser les limites du parc ;

- la Division Gestion Durable des Ressources Naturelles (GDRN) autour du parc. Sa mission est de favoriser un mieux-être des populations riveraines du PNT et leur implication dans la conservation du parc. Ses moyens d'action sont l'Information, l'Éducation et la Communication (IEC), la promotion de nouvelles alternatives de développement, la promotion de métiers ruraux en agriculture ou en environnement et l'appui à l'amélioration des infrastructures villageoises ;

- la Division Écotourisme du Parc National de Taï basée à San-Pedro. Elle avait pour mission l'élaboration et la promotion d'un produit touristique centré sur le site de Djiroutou, la rivière Hana, le Mont Nienokoué, les groupes de singes accoutumés aux visiteurs (chimpanzés, dianes, pétauristes) et les sentiers écologiques et ethnobotaniques ;

- la Division « Suivi scientifique » avec pour mission de coordonner toutes les activités de recherche qui ont cours autour et dans le Parc National de Taï. C'est elle qui identifie avec la direction du PACPNT les domaines prioritaires d'action.

La Division 2, dite de l'aménagement du parc, est essentielle dans la stratégie de conservation du parc. Elle est organisée en deux régions géographiques à travers différents postes comme l'indique le tableau 16.

Tableau 16: Organisation géographique de la Division 2

Région géographique	Base	Postes	Superficie en hectares
Est	Soubré	Djapadji	70 125
		Soubré	83 179
		V6	85 803
		ADK	71 700
Ouest	Taï	Zagné	50 427
		Taï	107 870
		Guiroutou	66 736

Source : Kouassi, 2002

La ressource humaine de cette Division 2 est constituée de 78 agents repartis dans les différents postes de surveillance. Le projet dispose en outre d'une unité mobile d'intervention ou brigade d'appui intervenant dans la surveillance du parc. Pour l'accomplissement de leurs tâches, l'équipement de surveillance de chaque poste se compose d'un véhicule 4x4, d'un GPS, d'un sac à dos par agent, d'une boussole par agent, d'une paire de menottes par agents, d'une paire de bottes par agent, d'une paire de rangers par agent, d'une mobylette par agent, d'un imperméable par agent, de deux radios dont un mobile et un fixe, de lits de camp et tentes ainsi que d'armes et de munitions.

5.1.2. Des opérations menées par le PACPNT, facteur de succès de la stratégie

En accord avec ses partenaires principaux que sont les populations locales et les ONGs intervenant dans l'espace Taï, plusieurs opérations sont menées par le PACPNT. Il s'agit des activités de développement socioéconomique, d'éducation et de sensibilisation à l'environnement, de surveillance du parc et les mesures d'accompagnement socio-culturelles.

5.1.2.1. Le développement socio-économique

Pour juguler les pressions anthropiques exercées sur le parc, le projet a entrepris des activités d'autopromotion paysanne appelées « Mesures Riveraines » avec pour objectif d'amener les riverains à participer à la protection du parc en se détournant de son exploitation à travers les bénéfices tirés de son existence. Ces mesures sont exécutées par la Division GDRN. Plusieurs activités économiques sont entreprises. Il s'agit du développement des cultures maraîchères et de la riziculture. En matière d'élevage, ce sont la pisciculture, l'aulacodiculture, l'héliciculture, l'aviculture et la porciculture. Pour chacune de ces activités, des parts d'intervention sont reparties suivant des conditionnalités bien définies entre le PACPNT et le promoteur. À titre illustratif, le tableau ci-dessous présente les coûts de mise en œuvre de certains projets ainsi que les contributions du PACPNT et du promoteur.

Tableau 17 : Récapitulatif des coûts de mise en œuvre de quelques projets socio-économiques

Nature de l'ouvrage	Coût total en francs CFA	Contribution du projet en francs CFA	Contribution du paysan (en francs CFA)	Contribution du projet en %
Étang piscicole de dérivation de 5 ares	262 000	50 750	211 250	19,37
Étang piscicole de barrage de 25 à 50 ares	411 000	142 000	269 000	34,55
Formation et installation d'un aulacodiculteur	799 000	522 000	277 000	65,33
Installation de cultures maraîchères de 0,30 ha	195 150	41 250	153 000	21,14
Installation d'une porcherie moderne de 12x50 m avec 60 porcs	1.852 700	805 000	1.047 700	43,45
Installation d'une porcherie semi-moderne de 12x50 m avec 60 porcs	721 200	220 000	501 200	30,50
Installation d'un élevage de poulets africains (6 coqs, 50 poulets)	361 000	26 500	334 700	7,33
Installation d'un élevage de 10 lapins + lapereaux	65 350	10 500	54 850	16,07
Installation et mise en culture de ¼ ha de bas-fonds	501 640	222 620	279 020	44,38

Source : PACPNT : Contribution du PACPNT à l'autopromotion autour du Parc National de Taï, San Pedro, 1997.

Le PACPNT a contribué à plusieurs projets avec des contributions qui oscillent entre 7 et 44% du coût total du projet. Cet appui traduit tout l'appui du PACPNT au développement riverain à travers l'amélioration des revenus des populations locales. Cette stratégie vise, à terme, à renforcer l'intérêt de la conservation du parc dans les mentalités des populations. À cet effet, des mesures sociales et culturelles existent.

5.1.2.2. Les mesures sociales et culturelles d'accompagnement

Elles consistent à l'amélioration des infrastructures villageoises, à une initiation à la gestion participative des ressources naturelles et le reboisement paysan dans des villages. L'intervention du PACPNT s'est traduite par des aides financières et/ou matérielles aux communautés locales pour la réhabilitation des écoles primaires et la construction des cases de santé dans certains villages. Ce soutien du PACPNT a pour objectif principal de créer un climat de confiance entre les populations riveraines et les gestionnaires de parc et donc de susciter la collaboration de ces derniers. La gestion participative des ressources naturelles et le reboisement paysan constituent le deuxième élément des mesures d'accompagnement sociales et culturelles entreprises par le PACPNT. L'objectif ici visé est d'intégrer l'aménagement et la gestion des ressources forestières dans une approche de gestion de terroirs pour une meilleure utilisation des terres autour du parc. Dans le domaine rural périphérique du Parc National de Taï, il existe des îlots de forêts et les concertations que le PACPNT a eu avec les communautés locales ont abouti dans un premier temps à l'adoption d'un plan d'aménagement de trois forêts autour du Parc à Zaïpobly, Gahably et Paulé-oula dans la région de Taï. Quant au reboisement, il a été considéré comme une activité nécessaire dans l'optique de la conservation du Parc National de Taï. Mais, les activités de soutien aux tâches de reboisement paysan n'ont pas été engagées.

5.1.2.3. La sensibilisation et l'éducation environnementales

Ces activités sont menées par l'ensemble des divisions du PACPNT, mais c'est la Division GDRN qui en est le principal responsable. La sensibilisation vise cinq objectifs : apporter aux populations riveraines des éléments de connaissance sur le Parc National de Taï qui justifient l'existence du PACPNT afin qu'elles intègrent le parc à leur politique de développement ; expliquer aux populations les stratégies, les buts, les moyens et les conditions d'intervention du PACPNT en vue de trouver de façon participative, des alternatives de développement durable pour renforcer la conservation du parc ; établir des réseaux de communication entre les populations riveraines et le PACPNT ; recueillir les aspirations des populations riveraines en matière de développement ; planifier et réaliser avec les populations les actions de développement identifiées ; amener les populations riveraines du parc à s'approprier les objectifs et les principes du PACPNT et à les défendre.

Les représentants de riverains et des ONGs locales apportent leurs soutiens aux actions de sensibilisation. Les représentants des riverains sont mandatés par les populations locales pour servir de courroie de transmission entre le PACPNT et elles. Ils sont liés au projet par une convention signée en Avril 1995. Des ONG locales appuient également le PACPNT. Ce sont :

- **Vie et Forêts** intervenant à la périphérie Est du parc et de quelques villages de la rive Nord-Est. Elle fait du développement intégré et durable dans les domaines de la santé primaire, de l'héliciculture et de la gestion participative des forêts villageoises, l'amélioration des infrastructures villageoises et le développement d'activités génératrices de revenus.

- **SOS Taï** : cette ONG intervient sur la rive Ouest du parc avec pour objectif, la conservation du parc par la sensibilisation environnementale.

- le **Groupement des Protecteurs de la Barrière Verte** (GPBV), proche de SOS Taï mais intervenant sur la rive Est du parc.

L'éducation environnementale revient au WWF. Ses activités ont pour cibles principales les élèves et les enseignants des établissements primaires autour du parc et visent trois objectifs : attirer l'attention des jeunes générations en scolarisation sur la nécessité de la conservation du Parc National de Taï, enseigner un programme pédagogique sur la conservation du Parc National de Taï, simuler une dynamique d'approche du Parc National de Taï. Pour y arriver, le WWF procède principalement par : la formation des enseignants, la confection de fiches pédagogiques à l'attention des cours élémentaires et cours moyens, le parrainage de manifestations scolaires autour du Parc National de Taï.

À cet effet, trois secteurs pédagogiques regroupant 17 écoles autour du Parc National de Taï ont reçu du matériel didactique conçu par le PACPNT et le WWF pour l'éducation environnementale. Le PACPNT intervenait également à la radio NAWA de Soubré dans le cadre d'émissions d'éducation environnementale. À côté de la sensibilisation à travers l'éducation environnementale, le système de surveillance mis en place a contribué efficacement à la sauvegarde du parc national de Taï.

5.1.2.4. Une surveillance rigoureuse au parc national de Taï

Elle est assignée à la Division II qui a trois objectifs principaux : lutter contre toutes les formes d'agression du Parc National de Taï, réaliser les aménagements nécessaires pour une meilleure surveillance, coordonner l'ensemble des activités des postes de surveillance. Les activités de surveillance sont les patrouilles (pédestres et en véhicules), les embuscades et les barrages de contrôle. Les patrouilles permettent une présence effective à l'intérieur du parc d'où un objectif de 10 jours de présence dans la forêt exigée par mois et par poste. Les barrages, quant à eux, sont soit fixes à certains points soit inopinés sur les voies d'accès au parc (Goh, 2005). Pour l'efficacité de ces activités, le PACPNT a pris trois mesures : la formation des agents aux nouveaux moyens de travail tels que les GPS et radios ainsi qu'à la rédaction administrative ; l'octroi de primes de motivation pour encourager les agents à travers les primes de forêts pour les patrouilles depuis 1993 et les primes de saisie mises en place en 1996 pour chaque capture de délinquant. Mais, Kouassi (2002), indiquait que le non-paiement de ces primes ou l'irrégularité de leurs paiements démotivait les agents de surveillance et expliquait le mécontentement de certains agents à l'égard de leur direction[10]. Le dernier pilier de la stratégie du PACPNT est la recherche scientifique. Les acquis sont observables à plusieurs niveaux.

[10] Selon l'ancien directeur du parc de Taï, le Colonel N'Dri, cette situation s'expliquait par le retard accusé dans le paiement des différentes tranches du fonds alloué au PACPNT par la coopération allemande, principal bailleur de fonds du projet.

5.1.2.5. La recherche scientifique

L'objectif de la recherche scientifique dans le cadre du PACPNT est de fournir aux acteurs de la gestion durable du parc des données fiables à partir desquelles ils pourraient mener leurs activités. À cet effet, de nombreuses structures de recherche ont mené des études à l'intérieur ainsi qu'autour du parc. Il s'agit de la fondation TROPENBOS qui a suspendu ses activités depuis le 30 Juin 2000, du Centre de Recherche en Écologie (CRE), du Centre Suisse de Recherche Scientifique (CSRS), de la GTZ, du WWF, des Universités et grandes écoles. Ainsi, ces opérations ont permis l'atteinte de plusieurs résultats.

5.2. Les acquis du PACPNT, une force pour la conservation du parc national de Taï

Au cours de sa mise en œuvre, le PACPNT a réalisé des avancées significatives dans divers domaines, contribuant ainsi à renforcer la conservation du parc national de Taï. Ces réalisations, ou acquis, sont le résultat d'efforts concertés impliquant des acteurs locaux, nationaux et internationaux, et ils représentent une force majeure pour la préservation à long terme de ce patrimoine naturel exceptionnel.

5.2.1. Au niveau du développement socio-économique

Sur le plan socio-économique, le PACPNT a encouragé la promotion de la riziculture irriguée, des cultures maraîchères, de la pisciculture et de l'élevage. En effet, la raréfaction des terres agricoles, la baisse de rendement de la production du riz pluvial et la disponibilité des bas-fonds ont suscité chez les riverains un intérêt pour la riziculture irriguée. Cependant, un nombre très réduit de candidats a été retenu pour bénéficier du soutien du PACPNT au développement de cette spéculation. Sur un total de 75 candidats, 14 soit 18% ont été retenus. Les promoteurs affirment à l'unanimité que la pratique de la riziculture irriguée n'a pas permis une croissance substantielle de leurs revenus. Au contraire, l'activité est réalisée à perte. Sur les 14 promoteurs, 7 ont abandonné leurs exploitations pour mauvais rendement des parcelles quand les 7 autres ont réduit la taille de leurs exploitations (Goh, 2005). Au niveau des cultures maraîchères, le PACPNT a encadré 16 groupements paysans, 2 personnes physiques et 2 coopératives scolaires autour du Parc National de Taï. Les données relatives à l'activité de maraîchage révèlent l'échec de cette activité et le peu d'engouement qu'elle suscite chez les riverains.

Quant à la pisciculture, le braconnage étant considéré comme la principale menace à la conservation du parc, le PACPNT a fait de la satisfaction des besoins des riverains en protéines animales un objectif majeur. Aussi, cette activité a-t-elle été encouragée dans tout l'Espace Taï. Aujourd'hui, au plan psychosocial, les initiatives du PACPNT ont eu des effets indéniables. L'on assiste de plus en plus à la création d'étangs piscicoles aussi bien dans les villages que dans les campements surtout à la périphérie Est du parc. Quant à la rentabilité des investissements faits par les promoteurs, le bilan de la pisciculture dans l'espace Taï peut être qualifié de négatif selon Goh (2005). En effet, sur 67 étangs visités, seuls 15, soit 23,39% étaient encore fonctionnels. Parmi ceux-ci, 9, soit 60% ont été réalisés sans l'appui du PACPNT contre 6 qui l'ont été. Comme la pisciculture, l'élevage a pour objectif de couvrir les besoins de la population locale en protéines animales et d'améliorer les conditions socio-économiques des promoteurs en générant des revenus à leur profit. Ici aussi, l'élevage a suscité un fort intérêt chez les riverains. Le tableau 18 donne un aperçu du bilan de l'activité de l'élevage dans l'espace Taï.

Tableau 18: État général de l'activité d'élevage dans la périphérie du parc national de Taï

			État actuel des cheptels	
Type d'élevage	**Nombre de candidats**	**Nombre de candidats sélectionnés**	**Fonctionnel**	**Abandonné**
Porciculture	28 gp. 135 ind.	36 (ind.)	1 (ind.)	35 ind.
Volailles	08 gp. 28 ind.	09	01	08
Cuniculture	04	02	00	02
Héliciculture	10	06	00	06
Aulacodiculture	56	02	00	02
Apiculture	10	01	00	01
Total	**36 gp, 243 ind**	**56**	**02**	**54**

Source : Goh Dénis, 2005

gp = groupements ; ind. = individus.

Au total, 36 groupements paysans et 243 individus se sont portés candidats pour la pratique de cette activité. Sur l'ensemble de l'Espace Taï, l'élevage se positionne en première place de choix des populations en matière de spéculation envisagée. 46,64% des individus et 75% de groupements paysans ayant suscité l'appui du PACPNT envisageaient de faire l'élevage. Cependant, 56 candidats, soit 23% ont été sélectionnés par le PACPNT parmi lesquels 2 étaient encore fonctionnels lors de nos recherches. On peut donc affirmer que cette activité n'a pas permis d'atteindre les objectifs que s'est fixés le PACPNT. Les causes généralement relevées de ces échecs sont : l'insuffisance de l'appui matériel du PACPNT, l'insuffisance de l'encadrement technique du PACPNT, le manque de moyens financiers du promoteur et la mauvaise qualité des ouvrages réalisés par le PACPNT (Goh, 2005).

5.2.2. Au niveau des mesures sociales et culturelles d'accompagnement

L'appui du PACPNT à l'amélioration des infrastructures villageoises, la promotion de la gestion participative des ressources naturelles et le reboisement paysan sont les trois actions menées dans le cadre des « mesures sociales et culturelles d'accompagnement ». L'axe majeur ici est la construction de cases de santé dans les villages éloignés des centres de santé (Tableau 19).

Tableau 19: État général des cases de santé autour du Parc National de Taï

Case de santé	Case de santé fermée	Case de santé en ruine
- Kodaya (V5) - Sagboya (V6)	- Pt Allanda - Chantier-Moh - Gahably	- Gbliglo (détruite complètement) - Zaïpobly

Source : Goh Dénis, 2005

Sur 9 cases de santé mises en place, seules 2 sont fonctionnelles (Cf. Tableau 16). Ces dernières le sont grâce aux démarches du PACPNT auprès du Ministère de la Santé publique qui les érigées en centres de santé où exercent des infirmiers diplômés d'État. Les deux centres, régulièrement fréquentés, contribuent de façon significative au bien-être social des populations locales. Le tableau 20 est révélateur de la forte fréquentation de ces centres par les populations de cette zone.

Tableau 20: Importance des consultations au centre de santé de Sagboya entre 1998 et 2002

	1998	1999	2000	2001	2002	Total
Consultations générales	1379	1481	1370	1864	1702	7796
Consultations	763	794	779	1020	1130	4486
Accouchements	140	136	143	207	231	857
TOTAL	**2282**	**2411**	**2292**	**3091**	**3063**	**13139**

Source : Goh Dénis, 2005

Entre 1998 et 2002, le centre de santé de Sagboya, sur la rive Nord, a été visité par 13139 patients, dont 857 accouchements, 4 486 consultations prénatales et 7 796 consultations générales.

Photo 2: La case de santé de V6 devenue un dispensaire avec l'affectation d'un infirmier diplômé d'État et d'une sage-femme

Source : Cliché personnel, 2010

Cette expérience favorise le rapprochement entre les populations et le PACPNT. Cependant, lorsqu'elles ne sont pas conduites à terme comme dans les autres villages, cette situation cristallise le mécontentement des populations à l'égard du projet et détériore les rapports entre les populations et les agents du PACPNT. Quant à la contribution du PACPNT à l'amélioration de la gestion des ressources naturelles autour du parc national de Taï, elle devait se réaliser à travers deux activités à savoir le reboisement paysan et l'amélioration de la gestion des ressources naturelles à caractère communautaire.

Dans le cadre du reboisement, le PACPNT n'a pas entrepris d'activités par faute d'accord avec les paysans et les concessionnaires des périmètres d'exploitation forestière à qui incombe, aux termes de la nouvelle réforme forestière, le reboisement en milieu paysan. Les activités agro-forestières dans la région de Taï ont, elles, été encouragées. Les riverains semblent adhérer à l'expérience agro-forestière de domestication de plantes. S'agissant de l'objectif du PACPNT de contribuer à l'amélioration de la gestion des forêts villageoises autour du Parc National de Taï, il restera au stade de l'identification desdites forêts. Aucune étude ni action concrète n'a été menée à ce jour pour améliorer les intérêts divergents des différents utilisateurs des ressources naturelles de ces sites. Pour ce qui concerne la situation des activités de développement socio-économique et des mesures d'accompagnement sociales et culturelles, Goh (2005) indique qu'elle n'est pas satisfaisante au point où le sentiment général qui prédomine chez les riverains est celui de l'insatisfaction, voire la déception.

5.2.3. Les activités de surveillance et de recherche scientifique

La surveillance du Parc National Taï comporte trois activités principales : les patrouilles, les embuscades et les barrages de contrôle. Cette stratégie de surveillance mise en place par le PACPNT a permis d'appréhender en moyenne, entre 1996 et 2000, 90 auteurs de délits divers dans le Parc National Taï avec un pic de 134 saisies en 1999 (tableau 21).

Tableau 21: Répartition des délinquants appréhendés dans le parc national de Taï de 1996 à 2001 par poste de surveillance

	1996	**1997**	**1998**	**1999**	**2000**	**2001**
Djiroutou	09	13	07	05	06	00
Zagné	08	14	18	17	27	14
ADK	22	10	14	07	07	00
V6	18	15	18	24	08	00
Djapadji	16	14	18	37	09	00
Soubré	25	10	19	21	14	05
Taï	01	08	16	23	18	08
TOTAL	99	84	110	134	89	27

Source : PACPNT, Service du contentieux, Soubré

La population de délinquants se compose des membres de l'ensemble des communautés vivant dans la périphérie du parc. Toutefois, l'analyse des résultats de la surveillance montre que la proportion des étrangers est plus importante que celle des autochtones. Kouassi (2002) indiquait qu'en 1998, 49% des délinquants étaient des non ivoiriens et que parmi les 51% de nationaux, la majorité était des allochtones. Le braconnage constitue le principal délit découvert dans le parc (81% des saisies) suivi de l'orpaillage clandestin (11% des saisies) et des activités agricoles (8% des saisies). Outre les individus, les saisies comprennent les animaux abattus, les matériels de chasse, d'orpaillage et d'exploitation agricole (Cf. Photo 4). Les animaux les plus braconnés sont les céphalophes et les singes avec respectivement 744 et 626 saisies entre 1997 et 2000, suivis du pangolin, dans une moindre mesure.

Photo 3: Saisie d'armes de braconniers. Des opérations qui paraissent ne pas arrêter l'ardeur de ces délinquants

Source : Lauginie, 2007

S'agissant des poursuites judiciaires, le taux de condamnation à des peines d'emprisonnement ferme a évolué. De 56,1% en 1996, il a été porté à 65% en 1999 pour se positionner à 87% en 2000. Ces résultats significatifs ont été obtenus grâce à la parfaite collaboration entre les gestionnaires et les autorités judiciaires locales. Le travail de sensibilisation et de lobbying effectué par les gestionnaires auprès des responsables de la juridiction locale a permis à ces derniers de s'approprier les objectifs de la conservation du parc de Taï. Toutes ces mesures ont contribué au retour de la vie animale dans le secteur Est qui était le plus braconné et où il apparaissait des signes de disparition de la vie sauvage, et à la réduction de la surface agricole du parc de moitié passant de 1,4% avant l'avènement du PACPNT à 0,7% en 2000.

Quant à la contribution de la recherche scientifique, le Parc National de Taï, depuis toujours, demeure un centre d'intérêt pour plusieurs organismes de recherche scientifique. Cependant, une décennie après le lancement du PACPNT, Goh (2005) soulignait qu'en dépit d'un dynamisme certain, la recherche scientifique dans le Parc National de Taï n'avait pas encore d'impact décisif ni sur les politiques de conservation de ce site ni sur les conditions de vie des populations locales. C'est alors qu'intervient la réforme de gestion des aires protégées du pays qui aboutit à la création de l'Office Ivoirien de Parcs et Réserves (OIPR).

Conclusion du chapitre 5

Le Projet Autonome de Conservation du Parc National de Taï (PACPNT) entre 1993 et 2002 a été une initiative décisive dans l'histoire de la conservation du parc national de Taï. Ce projet novateur a marqué un virage significatif dans la gestion des aires protégées, en mettant en avant l'implication des communautés locales et en cherchant des solutions durables pour la conservation de la biodiversité. L'une des principales réussites du PACPNT a été sa capacité à mobiliser et à sensibiliser les populations locales à la conservation de leur environnement. En favorisant leur participation active dans la gestion du parc, le projet a contribué à renforcer leur attachement à la nature et à leur fournir des moyens de subsistance durables. Les activités de sensibilisation, les programmes de formation et les initiatives de développement économique ont permis aux communautés riveraines d'apprécier directement les bénéfices de la conservation pour leur vie quotidienne.

Le PACPNT a également joué un rôle déterminant dans la protection de la faune et de la flore du parc national de Taï. Les efforts déployés pour lutter contre le braconnage, la mise en place de mesures de surveillance et de contrôle, ainsi que la gestion durable des ressources forestières ont contribué à préserver la biodiversité unique de Taï. Par ailleurs, les partenariats avec des organisations locales et internationales ont permis d'apporter un soutien technique et financier essentiel pour la mise en œuvre des activités de conservation. Le PACPNT laisse donc un héritage durable dans la gestion du parc national de Taï et constitue un modèle inspirant pour les futures initiatives de conservation en Côte d'Ivoire et dans le monde. Cependant, malgré ces succès, des défis persistent pour assurer la pérennité de la conservation à Taï. La pression exercée par les activités humaines, telles que l'exploitation forestière et l'agriculture itinérante, reste une préoccupation majeure. De plus, le changement climatique représente une menace croissante pour l'équilibre écologique de la région. L'Office Ivoirien des Parcs et Réserves (OIPR) aura pour mission de relever ces défis pouvant mettre à mal les efforts de conservation du parc de Taï.

Chapitre 6
L'OIPR et le parc de Taï en contexte de crise socio-politique

Introduction du chapitre 6

En application de la loi n° 2002-102 du 11 février 2002, le Gouvernement ivoirien a créé par Décret n° 2002-359 du 24 juillet 2002, l'Office Ivoirien des Parcs et Réserves (OIPR) spécifiquement chargé de la gestion durable des parcs nationaux et réserves. Il est né du Programme Cadre de Gestion des Aires Protégées (PCGAP) initiée par l'État dans le souci d'apporter une solution durable à la dégradation avancée de ces espaces protégés. Cet office est un établissement national public de type particulier, bénéficiant d'une autonomie de gestion administrative et financière. Il a joué un rôle crucial dans la conservation du parc national de Taï pendant une période tumultueuse de l'histoire de la Côte d'Ivoire, marquée par la crise socio-politique prolongée de 2002 à 2011. Cette période a été caractérisée par des troubles qui ont eu des répercussions importantes sur la gestion et la préservation de l'environnement naturel du pays. Cependant, cette crise a peu affecté le parc national de Taï, l'un des derniers refuges de biodiversité de la Côte d'Ivoire. Ce chapitre portera sur la présentation de l'OIPR, son organisation ainsi que le bilan de ses activités de 2002 à 2011.

6.1. Présentation et organisation de l'OIPR

L'OIPR est placé sous la tutelle technique de l'actuel Ministère de l'Environnement, du Développement Durable et de la Transition Ecologique (MINEDDTE) et la tutelle économique du Ministère de l'Économie et des Finances. Il est administré par un Conseil de Gestion ouvert à des personnalités extérieures à l'administration publique, notamment les Organisations Non Gouvernementales à vocation environnementale et les représentants des populations riveraines. Sur l'ensemble des parcs et réserves, il a pour mission :

- la gestion de la faune, de la flore, et de leur biotope qui en constitue le fondement ;

- la gestion du patrimoine foncier qui constitue l'assise de la faune, la flore et les plans d'eau ; l'exercice de la police administrative et judiciaire ;

- la mise en œuvre d'une politique de gestion durable par la promotion des activités légalement permises en fonction de la nature juridique du parc ou de la réserve considérée et de sa zone périphérique ;

la coordination ou la réalisation des études nécessaires à la création, à l'extension ou à l'aménagement d'un parc, d'une réserve ou de sa zone périphérique ;

- l'information, l'éducation et la communication.

Il est dirigé par un Directeur Général, assisté par un personnel qualifié dans les domaines de la conservation, de l'écologie, de la gestion des ressources naturelles, de l'administration et de la sensibilisation environnementale.

6.1.1. Présentation de l'OIPR

L'OIPR est représenté sur l'ensemble du territoire national par cinq (5) Directions de Zone, dont celle du Sud-Ouest, basée à Soubré qui a en charge la gestion du massif forestier de Taï (Photo 4).

Photo 4: Enseigne de la Direction de Zone Sud-Ouest à son siège à Soubré

Source : Cliché personnel, 2010

Les attributions de la Direction de Zone Sud-Ouest sont de :

- faire appliquer la législation en vigueur en matière de protection, de gestion durable et de valorisation du Parc National de Taï et de la Réserve du N'Zo ainsi que de leur zone périphérique ;

- élaborer et mettre en œuvre le plan d'aménagement et de gestion, le plan d'affaires ainsi que toutes les dispositions nécessaires à la valorisation du PNT et la réserve du N'Zo ;

- et gérer le Projet Autonome pour la Conservation du Parc National de Taï (PACPNT)

L'organigramme de la Direction de Zone Sud-Ouest se présente comme indiqué sur la figure 6.

Figure 6: Organigramme de la Direction de Zone Sud-Ouest de l'OIPR

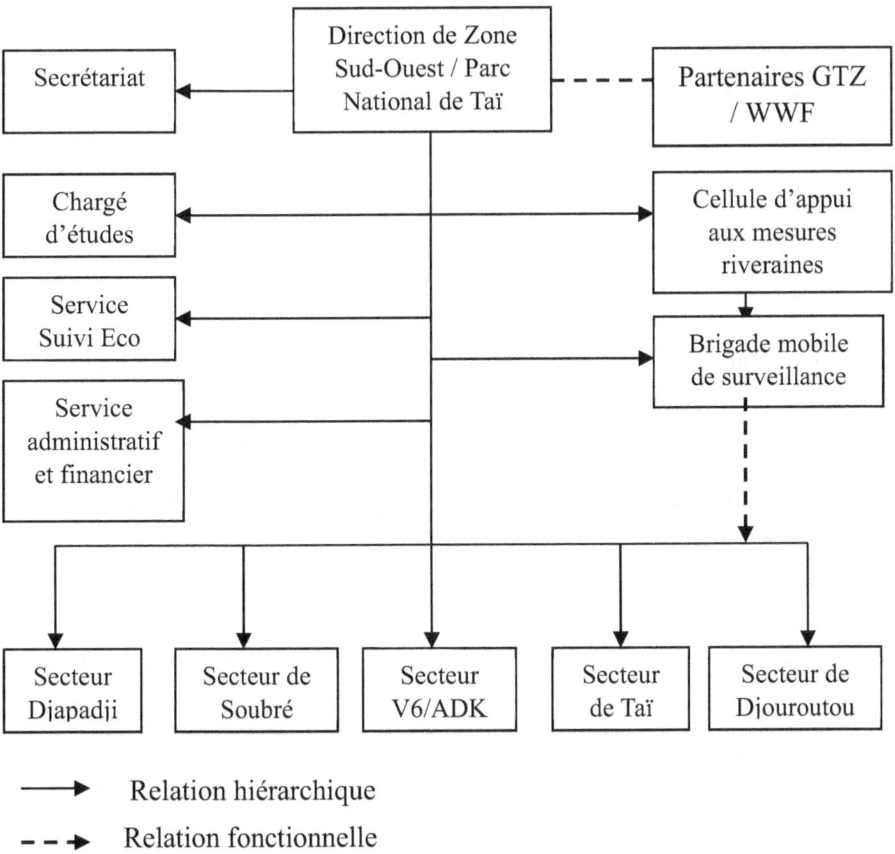

Source : OIPR, 2006

Au niveau juridique, l'OIPR poursuit l'organisation de séminaires et autres activités auxquels participe l'administration judiciaire aux fins de renforcer la collaboration avec ces autorités dont l'appropriation de la conservation s'avère indispensable pour une meilleure protection du parc.

6.1.2. Les moyens humains et matériels de la DZSO

Entre 2002 et 2011, la Direction de Zone Sud-Ouest avait un personnel constitué de 64 fonctionnaires et de 11 contractuels. Les secteurs, sur un effectif prévisionnel de 45 agents, avaient 36 agents comme l'indiquent les tableaux 22.

Tableau 22: Personnel Technique de la DZSO

Fonctionnaires			
Catégorie	**Corps**	**Effectif**	**Localisation**
Directeur de Zone	IEF	1	Soubré
Chargé d'études	IEF	1	Soubré
Chefs Secteurs	ITEF	6	Soubré- Djapadji-Taï ADK/V6- Guiroutou
Agents Secteurs (Chefs d'équipe)	APVA	10	
Agents Secteurs	MPVA	20	
Chef service Suivi Écologique et SIG	ITEF	1	Soubré
Coordonnateurs de brigade mobile	ITEF	1	Soubré
Agents brigade mobile (Chefs d'équipe)	APVA	6	Soubré- Zagné
Agents brigade mobile	MPVA	18	
TOTAL		**64**	
Personnel contractuel			
Contractuels	**Corps**	**Effectif**	**Localisation**
Comptable	Assistant comptable	2	Soubré
Secrétaire	Secrétaire	2	
Chauffeurs	Chauffeurs	2	
Animateurs ruraux	Contractuel	5	Zagné- Sarakadji Djapadji-V6-Djouroutou
Comptable	Assistant comptable	2	Soubré

Source : OIPR, 2006

Sur la période 2002-2011, le personnel fonctionnaire de la DZSO était constitué de soixante-quatre (64) agents qui avaient en charge la protection du parc. Ce personnel était dirigé par un Directeur de Zone qui est un Ingénieur des Eaux et Forêts. Il s'agissait du Lieutenant-Colonel TONDOSSAMA Adama, l'actuel Directeur Général de l'OIPR. Le personnel contractuel était composé de deux comptables, deux secrétaires, deux contractuels et cinq animateurs ruraux. La DZSO disposait également d'un important lot de matériels roulants constitués de véhicules et de motos ainsi que de mobylettes pour la réalisation efficace des missions qui lui sont assignées (Cf. Tableaux 24 et 25 et Planche photographique 24).

Tableau 23: Situation des véhicules de la DZSO

N°	IMM	Marque	Genre	Puissance	1ère mise En cir culation	État	Service alloué
1	6128 EC01	Peugeot	Break	8CV	01.10.98	Passable	Direction
2	2320CPO1	Nissan DC	Camionnette	11CV	20.01.98	Mauvais	Mesures riv.
3	4174CTO1	Mitsubishi	Pajero	11CV	16.03.99	Passable	Direction
4	7928CV01	Nissan DC	Camionn	13CV	07.06.00	Passable	Pool
5	7294EB01	Nissan	Terrano II	11CV	11.12.02	Passable	Direction
6	7295EB01	Nissan	Terrano II	11CV	11.12.02	Passable	Soubré
7	7297EB01	Nissan	Terrano II	11CV	11.12.02	Mauvais	Taï
8	3175EG01	Mitsub.SC	Camionn.	10CV	12.02.04	Passable	Suivi écologie
9	3174EG01	Mitsub.SC	Camionn	10CV	12.02.04	Passable	ADK/V6
10	3176EG01	Mitsub.SC	Camionn	10CV	12.02.04	Bon	Djouroutou
11	8991EG01	Toyota SC	Camionn	11CV	07.04	Bon	Djapadji
12	3967EL01	Mitsub.SC	Camionn	10CV	10.05	Bon	Brigade mobile
13	3968EL01	Mitsub.SC	Camionn	10CV	10.05	Bon	Soubré
14	3969EL01	Mitsub.SC	Camionn	10CV	10.05	Bon	Brigade mobile
15	3970EL01	Mitsub.SC	Camionn	10CV	10.05	Bon	Taï
16	5797ww01	Mitsub.Cant	Camionn	11CV	1.06	Bon	Brigade mobile

Source : OIPR, 2006

Tableau 24: Situation des motos et mobylettes de la DZSO

N°	Immatriculation	Marque	Service alloué	1ère mise en circulation	État
1	5396 EL 09	Moto Yamaha 125 CC	Animateur Taï	Sept.05	Bon
2	5397 EL 09	Moto Yamaha 125 CC	Animateur Soubré	Sept.05	Bon
3	5402 EL 09	Moto Yamaha 125 CC	Animateur V6/ADK	Sept.05	Bon
4	5401 EL 09	Moto Yamaha 125 CC	Animateur Djapadji	Sept.05	Bon
5	5400 EL 09	Moto Yamaha 125 CC	Animateur Djourou	Sept.05	Bon
6		Mobylette 738739	Comptabilité	1998	Mauvais
7		Mobylette 741195	Direction	1998	Mauvais
8		Mobylette 249843	Direction	1998	Mauvais

Source : OIPR, 2006

La planche photographique ci-après est illustrative de certains moyens opérationnels que sont les motos et véhicules (Planche photographique 2).

Planche photographique 2 : Des moyens de mobilité de la DZSO

Photo 2a. L'un des véhicules habituellement utilisés à la DZSO

Photo 2b. La moto allouée aux animateurs ruraux

Source : Kouassi, 2010

Le parc de Taï se distingue par sa capacité à mener des missions de terrain grâce à un parc d'engins variés et adaptés, constitué de motos et de véhicules majoritairement opérationnels. La direction dispose donc de plusieurs véhicules pour les activités de conservation du parc de Taï. Ces équipements permettent d'assurer la surveillance, la protection et le développement du parc national de Taï. Chaque moto a un champ d'action qui, en distance, est estimé à 80 km à parcourir. Le parc dispose aussi de plusieurs constructions servant de bureaux et de logements dans les villes abritant la Direction et les services déconcentrés du parc. Le tableau 25 présente le patrimoine immobilier du Parc National de Taï.

Tableau 25: Constructions du parc national de Taï

Localisation	Type de bâtiments	Utilisateurs	État
Soubré	1 bâtiment à usage de bureaux 2 villas jumelées	Direction de Zone	Neuf
Secteurs			
Taï	1 bureau 1 bureau 1 logement simple 5 logements jumelés	Chef de Secteur Chefs d'équipe Chefs d'équipe Agents secteurs	Bon
Soubré	1 bâtiment à usage de Bureau 1 logement simple 2 logements jumelés	Secteur Chef secteur Coordonnateur brigade et Agents	Bon
Zagné	1 bureau 1 logement simple 4 logements jumelés	Brigade mobile Coordonnateur brigade mobile 8 agents brigade mobile	Bon
Djidoubaye	1 bureau 1 logement simple 1 logement jumelé	Non utilisé, les agents étant affectés à Zagné	Bon
ADK	1 bureau 2 logements simples 5 logements jumelés	Secteur ADK/V6 Chef de secteur +1adjoint Agents secteurs	Bon
Soubré	1 bureau 1 logement simple 13 logements jumelés 1 logement simple	Secteur Soubré Chef de secteur Agents secteur et brigade mobile 4 chambres de passage	Bon
Djouroutou	1 bureau 2 logements simples 3 logements jumelés	Secteur Djouroutou Chef de Secteur +1adjoint Agents secteur	Bon
Djapadji	1 bureau 1 logement simple 5 logements jumelés	Secteur Djapadji Chef de secteur +1adjoint Agents secteur	Bon
V6	1 bureau 1 logement simple 5 logements jumelés	Secteur V6 Chef de secteur +1adjoint Agents secteur	Neuf
Ecotel « le Touraco »	10 cases rondes+sanitaires 1 paillote +cuisine+sanitaires 8 cases logement personnel 1 bâtiment bureau+logements 5 cases banco et papos	Visiteurs/20 à 25 lits Restaurant Guides de tourisme/sans famille Gérant/ manque d'eau	Passable
Zagné, Zaïpobly, Para, Djouroutou Djapadji, Walèbo, V6, V1, Sarakadji	9 logements	Animateurs ruraux	Bon

Source : OIPR, 2006

L'OIPR dispose de plusieurs bâtiments et bureaux en bon état lui permettant de mener à bien sa mission. Son siège à Soubré en est la parfaite illustration (Photo 5).

Photo 5: Le bâtiment à usage de bureaux de la Direction de Zone Sud-Ouest à Soubré

Source : Kouassi, 2010

Par cette imposante œuvre, le parc de Taï se distingue des autres aires protégées dont le personnel travaille dans des conditions déplorables. Cet important patrimoine donne aux gestionnaires du parc, les outils matériels et humains pour une bonne gouvernance du parc. Au niveau financier, sur la base d'une programmation des activités, le budget annuel standard du parc national de Taï était de 470 millions de FCFA, hormis les salaires et primes d'encouragement estimés à 250 millions de FCFA (OIPR, 2006).

6.2. La mise en œuvre des fonctions d'aménagement et le bilan de la conservation

La mise en œuvre des fonctions d'aménagement du parc national de Taï est essentielle pour assurer sa préservation, sa gestion durable et la satisfaction des besoins des populations locales. Ces fonctions comprennent la planification, la gestion des ressources naturelles, le développement des infrastructures et l'implication des communautés environnantes. Ce processus complexe vise à concilier la protection de la biodiversité avec les activités humaines, telles que le tourisme, l'agriculture ou l'exploitation forestière, dans le respect des principes de durabilité et de préservation des écosystèmes.

6.2.1. La mise en œuvre des fonctions d'aménagement du parc national de Taï

Les différentes fonctions d'aménagement et de gestion qui font l'objet de cette analyse sont : la surveillance, les mesures riveraines et le suivi scientifique.

6.2.1.1. La surveillance

La fonction de surveillance se présente comme l'élément principal de la stratégie du parc de Taï. Elle doit relever le double défi de l'élimination des pressions anthropiques et de la restauration du rôle environnemental du parc à travers la sauvegarde de la totalité de la surveillance du massif forestier. Le braconnage notamment des singes et des céphalophes et la recherche de revenus rapides, renforcés par le contexte de crise surtout chez les jeunes qui pratiquent la chasse illégale, constituent les véritables soucis auxquels se trouvent confrontés les gestionnaires du parc. La stratégie de surveillance mise en œuvre à cet effet s'articule autour de trois pôles : la sécurisation des limites du parc à travers des actes juridiques et des actes de matérialisation ; la réduction de la pression anthropique par l'organisation d'une présence permanente des équipes de surveillance sur l'ensemble du parc et de sa zone périphérique et l'implication des populations riveraines grâce à l'action combinée des mesures riveraines et de l'éducation environnementale ; la sécurité des personnes et des biens à l'intérieur du parc dans la perspective du développement de l'écotourisme.

Trois acteurs interviennent directement dans cette stratégie :

- **les secteurs** : ils sont chargés de veiller à la mise en exécution de la politique de surveillance et de protection du massif de Taï. Ils effectuent des patrouilles de proximité de 10 jours par agent et par mois. Ils assurent également le suivi du contentieux. Ils ont surtout un rôle participatif avec les populations riveraines, car leurs activités reposent sur les outils que sont la sensibilisation et la communication. La photo qui suit présente le secteur Soubré du parc national Taï.

Photo 6: Le secteur Soubré, l'un des cinq secteurs qui participent à la gestion du parc de Taï

Source : Cliché personnel, 2010

- **les populations riveraines :** elles interviennent en tant qu'informateurs des agents de surveillance d'une part, et à travers la constitution des comités villageois de surveillance d'autre part ;

- **la brigade mobile :** depuis 2005, elle se positionne comme l'acteur principal de la surveillance du parc. Elle a une fonction de répression des activités illégales dans le parc, à l'opposé des secteurs qui ont un rôle participatif et qui sont en contact permanent avec les populations. La brigade intervient sur l'ensemble du parc. Elle effectue des patrouilles dans le parc à raison de 15 jours par agent et par mois. Son institution s'explique par la recherche d'une meilleure efficacité dans les missions de surveillance. Ces agents bénéficient, à cet effet, d'une formation spéciale d'aguerrissement physique et technique contrairement aux agents du secteur. La planche photographique 3 qui suit présente des agents de la DZSO.

Planche photographique 3 : Des agents de patrouille de la DZSO en pleine action

Photo 3a : Une équipe de la BM détruisant un camp de braconniers

Photo 3b : Un orpailleur appréhendé sur son site

Source : Clichés Brigade Mobile DZSO, 2010

Les missions de surveillance qui ont un caractère très souvent répressif, à travers les actions de la Brigade Mobile, sont soutenues sur le terrain par des mesures d'accompagnement à l'endroit des populations.

6.2.1.2. Les mesures riveraines

Les mesures riveraines sont un ensemble d'actions à mener dans la zone périphérique ou riveraine en vue de réduire les pressions et menaces sur une aire protégée. Ces actions visent à soutenir et/ou susciter des initiatives mutuellement bénéfiques à l'aire protégée et à sa zone périphérique. L'objectif est d'obtenir l'adhésion totale des populations à contribuer efficacement à la sauvegarde du parc, parce qu'elles auraient compris son importance écologique, économique et sociale. Au parc, ces mesures ont commencé avec l'avènement du PACPNT. Mais, le constat d'échec des mesures riveraines entreprises depuis plus d'une décennie autour du PNT a amené les gestionnaires à rechercher de nouveaux modes d'intervention et à leur donner une impulsion nouvelle dans la zone périphérique du parc. Les partenaires de la gestion du parc que sont l'OIPR et la GTZ ont alors créé la Cellule d'Appui aux Mesures Riveraines (CAMR) (Bonnehin, 2006).

Trois axes stratégiques sont retenus dans le cadre de la mise en œuvre des mesures riveraines : (i) la contribution au développement humain durable des populations de la zone périphérique, en améliorant leurs conditions socio-économiques et culturelles (réhabilitation des infrastructures communautaires, mise en place de micro-crédit et le Partenariat Public Privé) ; (ii) la cogestion pour une meilleure implication et responsabilisation des populations dans la gestion rationnelle et durable des ressources naturelles, et (iii) la mise en œuvre d'un programme d'éducation environnementale.

Dans le cadre de l'axe 2, les principales activités de la Cellule d'Appui aux Mesures Riveraines sont : le développement d'un partenariat avec tous les acteurs autour du parc, la formalisation des structures villageoises avec la promotion des Associations Villageoises de Conservation et de Développement (AVCD) par le renforcement de la structuration du milieu, l'appui des microprojets communautaires et activités génératrices de revenus, la mise en œuvre d'un véritable programme d'Éducation et de Communication pour le Changement des Comportements (ECCC).

Les microprojets communautaires et générateurs de revenus constituent la principale activité sur laquelle se focalisent les espoirs des gestionnaires pour une conservation à long terme du parc. Le Comité d'Orientation et de Décision (COD) constitué de l'OIPR, la GTZ, le WWF, des responsables des AVCD et des ONG locales sélectionne à chaque session des projets qui bénéficient alors du soutien financier nécessaire à leur mise en œuvre. Sont présentés dans le tableau 26 les projets ayant été retenus par le COD à la session de Décembre 2007.

Tableau 26 : Point des microprojets

Secteur OIPR	Microprojets	Activités	Situation
ADK/V6	TENEDE (V3)	Riziculture	9 pépinières et repiquage en réalisation
	EPP V5	Pisciculture	6 étangs curés+moines construits ; étangs curés en cours de mise en eau, non empoissonnés
	AJA V1	Porciculture	Ferme achevée ; commande non faite
	Ass. Espoir V2	Aviculture	Ferme achevée, commande de 500 poussins à livrer
	Ass. Relwindé V6	Maraîchage	200 planches (choux, laitues, aubergines, et courgettes) réalisées
	Ass.Agbkoayo	Aulacodiculture	Ferme presque achevée, commande non faite
	Ass.porciculteurs V4	Porciculture	Ferme en construction, pas de commande
	Ass. Devpmt Sagboya	Aviculture	Ferme achevée, commande faite
	Jeunesse d'ADK	Aviculture	Ferme en construction, commande non faite
DJAPADJI	AMA	Pisciculture	Ferme en exploitation (vente de 6500 tilapias prévue en Avril 08)
	SRE	Pisciculture	Ferme en exploitation (vente de 12.000 tilapias prévue en Mars-Avril 08)
	Ass. Sainte Famille	Porciculture	Construction de la ferme pas encore débutée ; Promoteur dispose d'un noyau de porcs
	Grpmt. Bah-Dji	Aviculture	Construction de la ferme pas encore débutée ; commande non faite
DJOUROUTOU	Para	Pisciculture	Ferme en exploitation
	Grpmt. Benkadi	Pisciculture	Construction de la ferme pas encore débutée ; commande non faite
	Ass. Éleveurs porcs	Porciculture	Construction de la ferme pas encore débutée ; commande non faite
	Grpmt. Bamou	Porciculture	Commande non faite

	Grpmt. des Producteurs	Ranaculture	Construction de la ferme pas encore débutée ; commande non faite
	Grpmt.Dêh Yeti	Autres cultures vivrières	Pépinière bouture en place
	Grpmt.Ayidêh	Autres cultures vivrières	Pépinière bouture en place
	Grpmt. Akrêgbê	Aviculture	Ferme non construite
	Ass. Producteurs de lapins	Cuniculture	Ferme non construite
SOUBRE	Aguiguinou	Pisciculture	Ferme achevée ; commande non faite
	Yekloueyo	Porciculture	Ferme en construction ; commande non faite
	FPL	Porciculture	Ferme en construction ; commande non faite
	Anouanzè	Porciculture	Ferme en construction ; commande non faite
	Wahindjessé	Aviculture	Ferme en construction ; 1000 pondeuses acquises ; achat aliments de 3 tonnes
	Gpmt. El Shaddaï	Sarakadji	Couture
TAI	AAZA Zagné	Pisciculture	Ferme en exploitation
	KLEKWE/ Petit Bouake	Porciculture	Ferme en exploitation avec 6 porcs, 3 truies en gestation
	Grpmt. BETHEL	Aulacodiculture	Ferme en construction ; commande non faite
	Grpmt. Taï volaille	Aviculture	Construction de la ferme pas encore débutée ; commande non faite
	Ass. des Maraîchers de Zagné	Maraîchage	Ferme en exploitation/ 70 planches d'oignon, 50 lignes de tomates, 900 pieds d'aubergine, 800 choux, 1 pépinière de choux et 1 pépinière de piment réalisées
	Ass. Dêh Côty	Maraîchage	Ferme en exploitation/ Pépinière mise en place (2000 pieds de choux, 1500 plants d'aubergine), matériel technique acquis

Source : CAM- GTZ Taï, 2007

Il ressort de l'analyse de ce tableau, deux constats majeurs à savoir les populations s'intéressaient davantage aux projets et plusieurs projets sélectionnés attendaient encore le démarrage effectif de leurs activités. En effet, lors de notre passage sur le terrain durant cette période, un très grand retard était observé dans la réalisation des projets. Plusieurs mois après leur sélection et le respect de leurs engagements, les populations attendaient toujours la quote-part de la Cellule d'Appui aux Mesures Riveraines. À Sarakadji, onze mois après la validation de leur projet d'atelier de couture, les jeunes filles du groupement El-Shaddaï de ce village n'avaient pas encore obtenu la contribution de la CAMR en Novembre 2007. Après un important investissement qui s'évalue à 501 000 de FCFA, soit 14% du coût total du projet représentant la quote-part de cette association. Cette situation qui est constatée dans la plupart des projets entache l'intérêt que les populations manifestent de plus en plus pour les micro-projets. À notre passage en Janvier 2010, le groupe El Shaddaï avait finalement obtenu son atelier de couture (Planche photographique 4).

Planche photographique 4 : L'atelier El Shaddaï avec une dizaine de machines à coudre

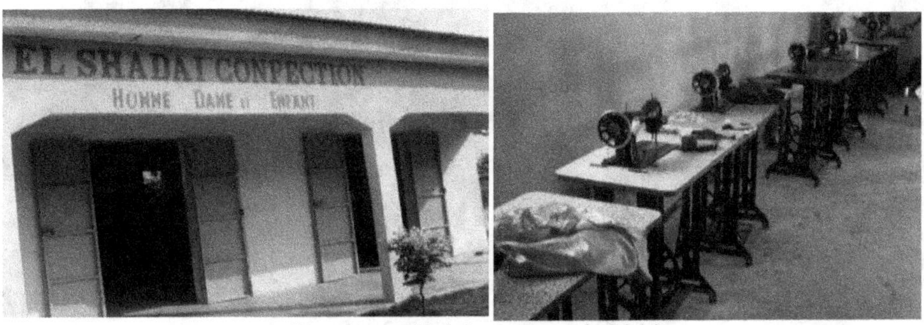

Source : Cliché personnel, 2010

L'animateur rural du secteur Soubré indiquait que les populations mitoyennes au parc et particulièrement des campements de Bebekro, Gbadjè, Allakouamekro et Allatchenkro, auparavant très hostiles aux interventions du parc comme l'ouverture des layons et les microprojets, appelaient désormais de tous leurs vœux la sélection de leurs projets communautaires (écoles, hévéaculture, porciculture et autres). Cette attention pour ces projets est fonction des échos favorables de ceux déjà initiés qui provenaient de Gnamandji, Petit Tiémé et Petit Odiénné pour l'hévéaculture et la pisciculture, de Kra N'Guessankro pour la porciculture, de Petit Tiémé pour l'aulacodiculture et de Johin et V6 pour l'aviculture. Il est à noter particulièrement, un regain d'intérêt pour l'hévéaculture qui, suivant la cartographie des microprojets, quoique plus présente sur la rive Ouest, cache assez mal le nombre important de plantations qui se créent sur la rive Est et singulièrement Sud-Est dans la zone de Gnamandji. Pour la mise en œuvre de ces projets (Planche photographique), l'administration collabore avec le Centre des Métiers Ruraux (CMR) et l'ANADER.

Planche photographique 5 : Projet d'élevage dans les localités riveraines du parc national de Taï

Photo 5a : Porciculture à Kra N'Guessankro

Photo 5b : Ferme avicole de l'Association pour le Développement de Sagboya (V6)

Source : Kouassi, 2010

Les jeunes du groupement *Anouanzé,* satisfaits des premiers résultats, continuaient de remercier leur animateur rural qui les y a encouragés. Après les ventes de fin d'année 2009, les promoteurs de cette ferme ont pu épargner la somme de 950 000 de FCFA. Il existe également des projets réalisés par des partenaires comme la GTZ (Palanche photographique 5).

Planche photographique 6 : les projets initiés par la GTZ

Photo 6a : Pépinières d'hévéa du président de l'AVCD de Petit Odienné

Photo 6b : Le message du partenariat entre la SAPH et les gestionnaires du parc

Source : Kouassi, 2010

En somme, les mesures riveraines ont énormément structuré l'organisation spatiale, socio-économique ainsi que les perceptions des populations vis-à-vis du parc. La carte 5 illustre assez bien l'importance de ces mesures dans l'espace Taï.

Carte 5: Localisation des mesures riveraines dans l'espace Taï

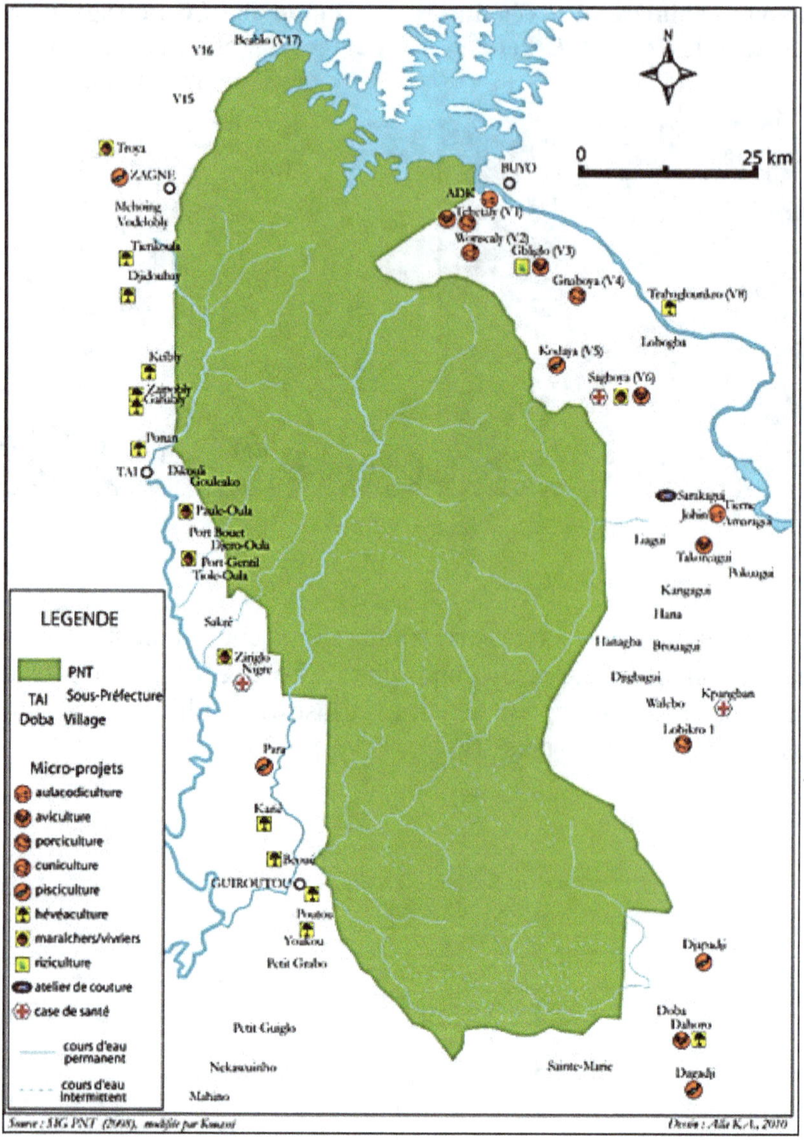

La carte 5 traduit l'intérêt de plus en plus marqué par les populations de la zone périphérique pour les mesures riveraines. En effet, elles sont essentielles pour la préservation de la biodiversité, la régulation des écosystèmes et la protection des ressources naturelles du Parc National de Taï à travers la forte implication des populations. Elles contribuent à assurer la durabilité et la résilience de cet écosystème unique, tout en garantissant les services écosystémiques essentiels pour les populations locales et la société dans son ensemble.

6.2.1.3. *La sensibilisation et l'éducation environnementale*

Les activités de sensibilisation et d'éducation environnementales poursuivies par l'OIPR ont pour objectif de fournir aux populations riveraines des informations justifiant l'existence du parc afin qu'elles s'approprient sa conservation. Les acteurs concernés par ce domaine sont les secteurs qui ont un rôle participatif, les ONGs locales et les AVCD qui constituent les courroies de transmission entre les gestionnaires et les populations. Au niveau technique, le WWF initie des programmes d'une part, d'enseignement à l'éducation environnementale dans des établissements scolaires autour du parc et d'autre part, de projets communautaires dans ce même cadre (Planche photographique 7).

Planche photographique 7: Ferme aulacodicole de petit Tiémé

Photo 6a : Ferme inscrite dans l'un des axes des programmes d'éducation environnementale initiés par le WWF autour du parc

Photo 6b : Des aulacodes dans la ferme pionnière de Petit Tiémé

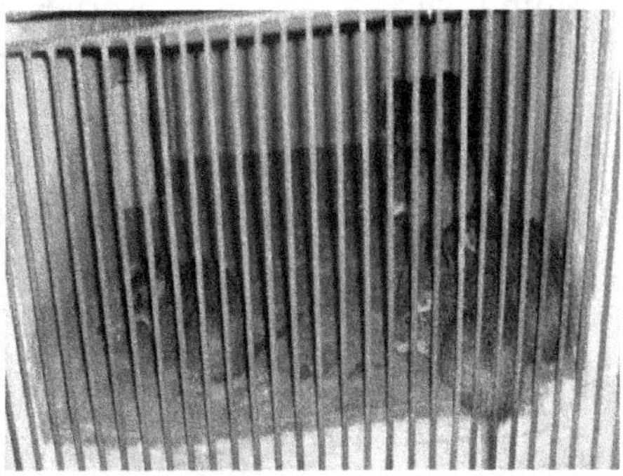

Source : Cliché personnel, 2010

L'aulacodiculture est l'une des réussites du WWF et surtout l'un des succès des mesures riveraines du projet Taï. Elle est très prisée par les populations et vise à desserrer l'étau du braconnage sur le parc.

6.2.1.4. Le suivi scientifique

Sous ce libellé, sont regroupés le suivi-écologique et la recherche.

- **Le suivi-écologique / SIG**

Initiée en 1994 sous la forme d'une « Cellule de suivi de la faune », elle constitue, aujourd'hui, un service tout entier sur lequel repose l'essentiel des interventions des gestionnaires. Les secteurs, la brigade mobile, la CAMR et les partenaires fonctionnels interviennent efficacement grâce aux résultats de ce service. L'objectif du suivi-écologique ou *biomonitoring* est d'apprécier de façon permanente l'évolution des écosystèmes et des menaces qui peuvent compromettre leur conservation. La détection précoce de toute nouvelle menace, dès son apparition, peut notamment permettre d'agir rapidement pour chercher à la contrer. L'anticipation constitue donc la mission princeps du suivi-écologique pour une conservation à long terme du parc. Au niveau des différentes composantes des écosystèmes du parc, le comportement et la dynamique de 75 espèces animales qualifiées de « bioindicatrices » sont observés sur un réseau de 30 transects de biomonitoring de la faune, regroupés en 5 secteurs, selon le partage effectué sur l'ensemble du parc. Chaque secteur dispose de 6 transects de 4 km de longueur sur lesquels des observations visuelles, des relevés de traces, des écoutes de cris ou de bruits d'animaux sont réalisés de façons diurne et nocturne.

Dans le même sens, un « suivi du couvert végétal » est réalisé par comparaison d'images satellitaires périodiques afin d'apprécier l'évolution des surfaces de végétation dégradées et la reconstitution dans les anciennes plantations et éventuellement de déceler de nouveaux défrichements. Toutes les informations collectées sont entrées dans la base de données du Système d'Information Géographique (SIG) créé pour le parc. En détail, ce SIG contient en couches des informations sur les thèmes suivants : le relief et l'hydrographie, les routes et villages, le couvert végétal et l'occupation du sol en périphérie, les limites et le dispositif de surveillance, les infrastructures, le développement rural et l'écotourisme.

Ce recueil de données constitue un trésor d'informations qui sont mises de façon transversale à la disposition de tous les services du parc pour une plus grande efficacité dans l'exécution des tâches dévolues à chacun d'eux.

- **La recherche scientifique**

L'OIPR, en tant qu'institution chargée de la gestion du parc, n'a pas pour mission de conduire des travaux de recherche. Mais, il doit appuyer sa gestion des écosystèmes sur des connaissances scientifiques et également veiller à la promotion scientifique du parc. Dans ce cadre, l'OIPR collabore avec les universités nationales et certaines grandes écoles publiques comme l'INP-HB de Yamoussoukro. Au-delà de ces partenaires nationaux, plusieurs structures nationales et internationales conduisent de nombreux programmes de recherche. Il s'agit du CSRS, du WWF, de la GTZ, du WCF, de l'IRD, etc. Le parc de Taï a été l'objet de plus de 2000 travaux de recherche (TROPENBOS, 1994). Pour mettre à la disposition des chercheurs un cadre idéal de travail, une convention a été signée entre l'administration du parc et le CRE de l'Université d'Abobo-Adjamé pour la gestion de la station d'écologie située à l'intérieur du parc et pour la conduite de travaux de recherche. Cette station est dotée d'un patrimoine qui facilite la tâche des chercheurs.

6.2.2. Le bilan de la conservation du parc

D'une superficie d'environ 536 016 hectares, le massif forestier de Taï représente aujourd'hui, plus de la moitié de la superficie des zones forestières ouest-africaines placées sous le statut de haute protection. Au niveau de l'état de la végétation, en attendant les prochaines images satellitaires, celles de 2004 présentent un massif forestier protégé à plus de 99% suite aux intenses activités de destruction des plantations effectuées sur la rive Ouest du parc en 1999. Seulement 3.000 hectares de plantations représentant moins de 1% persistent encore sur la rive Est. Elles sont aujourd'hui acceptées par les partenaires sous le vocable de Zones d'Occupation Contrôlées (ZOC) pour respecter le statut de Réserve de Biosphère (Cf. Figure 22). Ce taux de couverture est un indice de l'efficacité atteinte pour la protection du parc. Il est, à l'heure actuelle, le dernier et le plus grand bloc intact de forêt ombrophile primaire d'Afrique de l'Ouest. Ce statut lui vaut une diversité biologique inestimable.

Au-delà de la typologie des formations végétales, dans l'état actuel des connaissances qui ne sont d'ailleurs pas exhaustives, le parc national de Taï compte approximativement 1 200 espèces de végétaux supérieurs. Sur le plan phytogéographique, 80 % des espèces végétales du massif extrapolé à l'Espace Taï appartiennent au bloc floristique guinéo-congolais, c'est-à-dire aux forêts denses humides d'Afrique de l'Ouest et d'Afrique équatoriale. Par ailleurs, 6 familles et environ 200 espèces des éléments floristiques propres au bloc guinéo-congolais sont strictement endémiques à l'Afrique de l'Ouest. Parmi ces éléments, 160 espèces environ ont été rencontrées particulièrement à l'Ouest du fleuve Sassandra dans les forêts hygrophiles. Elles sont donc qualifiées de Sassandriennes et constituent l'une des énormes spécificités du massif forestier de Taï.

Carte 6: État de la végétation du parc en 2004

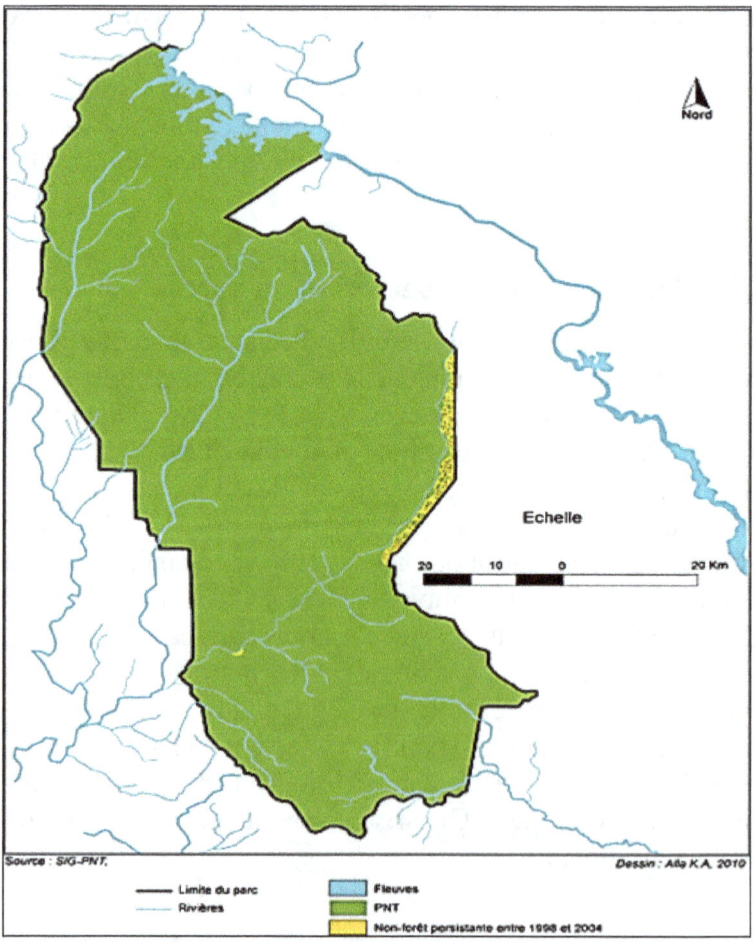

Suivant les nombreux travaux scientifiques réalisés en certains secteurs du parc, la diversité faunique du parc est estimée à 140 espèces de mammifères (Roth & Mertz 1986, in Riezebos et *al.,* 1994) dont 43 pour les chiroptères, 15 pour les ongulés, 14 pour les carnivores, 41 pour les rongeurs, 14 pour les insectivores, 12 pour les primates et quelques autres familles ; 234 espèces d'oiseaux (Gartshore 1989, in Tropenbos, 1994) où les rapaces, les martins-pêcheurs et martins-chasseurs et les calaos sont les mieux représentés ; 56 espèces d'amphibiens et 42 espèces de reptiles (PAG-DZSO OIPR, 2006, p.18). La richesse spécifique en poissons, en insectes et autres invertébrés est encore très mal connue. Par ailleurs, la faune du massif de Taï est caractérisée par un fort taux d'endémisme ou de rareté (OIPR, 2006 ; Lauginie, 2007).

Planche photographique 8 : Le Céphalophe d'Ogilby, le Chimpanzé et Jentik, des sous-espèces rares endémiques au parc national de Taï

Le Céphalophe d'Ogilby

Le Céphalophe de Jentik en voie de disparition

Le Chimpanzé, une autre espèce est endémique au parc

Lauginie, 2007

Cette sous-espèce du parc de Taï présente un comportement particulier (création et usage d'outils, cassage de noix, chasse organisée, etc.) (Lauginie, 2007).

Conclusion du chapitre 6

L'Office Ivoirien des Parcs et Réserves (OIPR) occupe une place centrale dans la conservation de la biodiversité du parc national de Taï. Il est structuré de manière à couvrir l'ensemble des aspects liés à la gestion, allant de la surveillance et de la répression des infractions à la recherche scientifique. La mise en œuvre des fonctions d'aménagement du parc et le bilan de la conservation permettent d'évaluer l'efficacité des actions de l'OIPR et d'identifier les pistes d'amélioration. Il a disposé également durant cette période de crise d'importants moyens matériels et humains adéquats pour la protection de cette aire protégée. Ainsi, les moyens matériels, tels que les véhicules tout-terrain, les équipements de surveillance, les outils de recherche et les infrastructures, sont également indispensables pour soutenir les efforts de conservation. Ils permettent d'assurer la surveillance du parc, la recherche scientifique, la sensibilisation des populations locales, ainsi que la gestion durable des ressources naturelles. Malgré les défis, notamment ceux liés à la crise socio-politique, l'OIPR a su maintenir ses efforts pour assurer la préservation de ce joyau, en dépit de sa proximité avec la frontière libérienne et l'Ouest du pays qui était une zone de conflit. La période de crise socio-politique en Côte d'Ivoire, de 2002 à 2011, a donc représenté un défi majeur pour la conservation du Parc National de Taï et l'action de l'Office Ivoirien des Parcs et Réserves (OIPR). Cependant, l'OIPR a réussi à jouer un rôle essentiel, permettant la préservation de cet écosystème.

Chapitre 7
L'OIPR et la conservation du parc de Taï après le retour à la normalité

Introduction du chapitre 7

À la fin de la décennie de crise socio-politique de 2002 à 2011, l'Office Ivoirien des Parcs et Réserves (OIPR) a poursuivi ses missions de conservation du Parc National de Taï. Depuis 2011, l'OIPR a travaillé à la protection du parc en mettant en œuvre des mesures de surveillance renforcée, de lutte contre le braconnage et de gestion durable des ressources naturelles. Il a également œuvré à sensibiliser les populations locales et les acteurs impliqués dans la gestion du parc, afin de promouvoir une cohabitation harmonieuse entre l'homme et la nature. Des efforts ont été faits pour impliquer les communautés riveraines dans la conservation du parc, en leur offrant des alternatives économiques durables et en les encourageant à participer à la protection de leur environnement. En outre, l'OIPR a collaboré avec des partenaires nationaux et internationaux pour obtenir un soutien financier et technique nécessaire à la conservation du parc. Toutes ces initiatives ont contribué à maintenir la biodiversité et à assurer la pérennité du parc national de Taï qui reste un joyau de la nature et un exemple de conservation réussie en Afrique de l'Ouest. Dans ce chapitre, l'on présentera les actions menées par l'OIPR durant la dernière décennie du premier cinquantenaire du parc de Taï.

7.1. Un renforcement du personnel administratif, du partenariat, des infrastructures et équipements

Depuis 2012, le Parc National de Taï a connu un renforcement significatif de son personnel administratif, de ses infrastructures et de ses équipements, grâce aux efforts de l'Office Ivoirien des Parcs et Réserves (OIPR) et de ses partenaires. Cette période a été marquée par des investissements importants visant à améliorer la gestion et la protection de cette réserve naturelle exceptionnelle, reconnue pour sa biodiversité unique en Afrique de l'Ouest.

7.1.1. Un personnel administratif étoffé avec la création de nouveaux services

De 2012 à 2018, la Direction de Zone Sud-Ouest (DZSO) était dirigée par un Directeur de Zone assisté d'un chargé d'études et d'un secrétariat. L'organigramme de la DZSO compte plusieurs services :

- **le service administratif et financier :** il est responsable de tous les aspects administratifs et financiers de la gestion du parc (gestion des financements externes et des recettes, comptabilité, gestion du matériel et des stocks, etc.) ;
- **la Brigade mobile de surveillance :** elle a en charge la lutte anti-braconnage. Elle est composée des commandos forestiers ayant reçu des formations spécifiques de lutte anti-braconnage. Elle est représentée par deux unités dont l'une est basée à l'est du parc et l'autre à l'ouest. Ces deux unités organisent régulièrement des patrouilles dans les zones qu'elles couvrent ;
- **le service Suivi écologique et SIG :** il s'occupe de la réalisation du programme de suivi écologique des différentes cibles de conservation. Le service gère également le système de suivi de patrouille (tracking) et administre la banque de données du Système d'Information Géographique (SIG). Il est animé par un Chef de service qui utilise des assistants issus des villages riverains pour la collecte des données ;
- **le service de mesures riveraines :** il est chargé de gérer les relations avec les communautés locales, l'identification et l'appui à la mise en œuvre des projets de développement communautaire ;
- **Le service communication :** il promeut le parc par la diffusion et la vulgarisation des activités de gestion. Il mène et contribue à la réalisation des activités d'éducation environnementales. Il contribue, au niveau interne, au partage de l'information entre les agents et au renforcement de l'esprit d'équipe ; il entretient des relations avec les radios de proximité autour du parc et avec d'autres mass-médias et assure l'animation du site web du PNT ;

- **les Secteurs de Gestion :** au nombre de cinq (5), ils assurent la coordination locale de toutes les activités de gestion (gestion administrative, surveillance, suivi-écologique, aménagement, communication, mesures riveraines). Ils couvrent ainsi chacun, une zone de compétence à l'intérieur du PNT. La DZSO dispose de deux organes consultatifs de gestion ;
- **le Comité de Gestion Locale (CGL) :** créé par Arrêté préfectoral n°03/PG/CAB du 05 mars 2014, il donne son avis sur toutes les questions d'ordres technique, culturel ou budgétaire qui lui sont soumises telles que le Plan d'aménagement, le programme annuel d'activités, le budget annuel, les contrats de gestion de terroirs, etc ;
- **le Comité d'Orientation et de Décision (COD) :** créé par décision du Directeur Général de l'OIPR, cet organe statue sur les microprojets générateurs de revenus en lien avec la conservation et les infrastructures sociales de base soumis à financement.

L'effectif du personnel de la DZSO, en 2019 est de 114 personnes. Le personnel fonctionnaire se compose de 97 agents techniques des Eaux et Forêts, d'un Ingénieur des Techniques Agricoles, un technicien supérieur en génie rural et 2 agents spécialisés en travaux publics (Chauffeurs). Quant au personnel conventionnel, ils sont au nombre de 13 (3 Comptables et Assistants, 1 Chargé de communication, 1 Agent de bureau, 2 Guides de touristes, 2 Secrétaires, 3 Chauffeurs et 1 Gardien). L'organigramme de la DZSO se présente comme suit (figure 7):

Figure 7 : L'organigramme de la DZSO

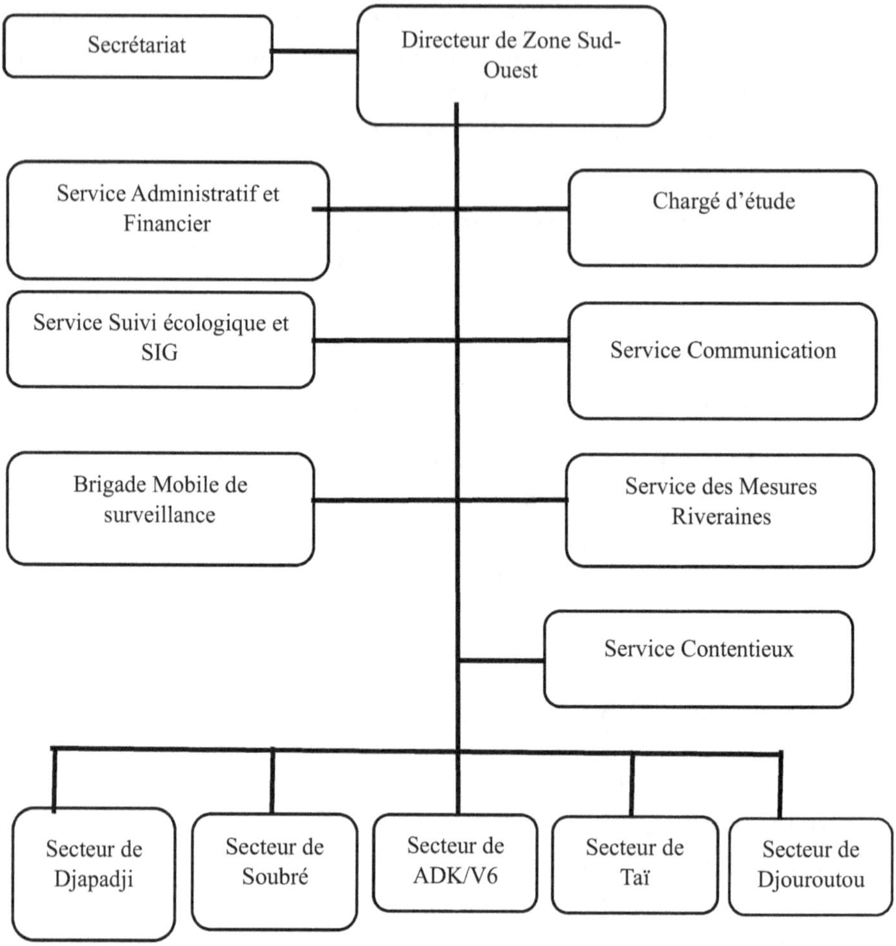

Source : OIPR, 2022

L'organigramme de la Direction des Zones Sud-Ouest (DZSO) a été renforcé par la création de plusieurs nouveaux services, visant à améliorer la gestion et la coordination des activités liées à la sauvegarde du parc national de Taï. Parmi ces nouveaux services figure un service de communication, chargé de la diffusion d'informations auprès du public et des partenaires institutionnels, ainsi que de la promotion des actions de la DZSO en matière de préservation des ouvrages. En outre, un service chargé d'études a été mis en place pour mener des analyses techniques et économiques approfondies, afin d'orienter les décisions stratégiques de la direction. Ce service est essentiel pour garantir la pertinence et l'efficacité des actions entreprises par la DZSO. Par ailleurs, un secrétariat a été créé pour assurer le bon fonctionnement administratif de la direction, en facilitant la gestion des dossiers, la planification des réunions et la coordination des activités internes. Enfin, un service des Mesures riveraines a été instauré pour surveiller, évaluer l'impact des activités de la DZSO sur les zones riveraines, et mettre en place des mesures de préservation et de restauration. Ces structures renforcent l'efficacité et la transparence de la DZSO et permettent une meilleure gestion des ressources et une coordination plus efficace des actions de protection.

7.1.2. Des partenariats de plus en plus importants

En 2012, plusieurs organisations et institutions ont signé des partenariats avec les gestionnaires du parc national de Taï dans le cadre d'appui technique et financier. Il s'agit de la Coopération allemande, à travers la KfW (coopération financière) et la GIZ (coopération technique), la Fondation pour les Parcs et Réserves de Côte d'Ivoire (FPRCI), la Wild Chimpanzee Foundation (WCF), les Universités Jean Lorougnon GUEDE (UJLoG), NANGUI ABROGOUA (UNA), Félix HOUPHOUET-BOIGNY (UFHB) et Alassane OUATTARA (UAO), le Centre de Recherche en Écologie (CRE), le Centre Suisse de Recherches Scientifiques (CSRS) en Côte d'Ivoire, le Centre International de Recherche en Agroforesterie (ICRAF), des collectivités territoriales (Districts, Régions et Communes) qui interviennent dans le développement socio-économique des populations telles que définies par la Loi n°2012-1128 du 13 décembre 2012 portant organisation des collectivités territoriales et le Décret n°2012-1153 du 19 décembre 2012 fixant la composition numérique des Conseils Régionaux et des bureaux desdits conseils ; l'ONG Yacoli Village Ecole Ouverte (YVEO) et N'Zi River Lodge, les unités agro-industrielles, les organisations professionnelles agricoles, les organisations non gouvernementales locales et les organisations des populations riveraines.

Le parc dispose désormais d'un organe consultatif de gestion qui est le Comité de Gestion Locale (CGL). Il est créé par Arrêté préfectoral n°03/PG/CAB du 05 mars 2014. Il donne son avis sur toutes les questions d'ordres technique, culturel ou budgétaire qui lui sont soumises par le Directeur du parc, telles que le Plan d'aménagement, le programme annuel d'activités, le budget annuel, les contrats de gestion de terroirs. Relativement à la valorisation touristique du PNT et son intégration dans les circuits touristiques, deux conventions de partenariats ont été signées avec CI-Tourisme et ECOOBOUSS.

7.1.3. Des infrastructures et équipements adéquats pour assurer la protection du parc national de Taï

Depuis 2012, les limites du parc sont clairement définies et constituées d'environ 163 km de pistes périmétrales et 200 km de lignes conventionnelles. Elles sont matérialisées par un bornage à raison d'une borne au kilomètre, soit 340 bornes et un panneautage réalisé à raison d'un panneau tous les 2,5 kilomètres, soit environ 140 panneaux et par des plants d'hévéa sur une longueur de 20 km. Ces limites font l'objet d'entretiens manuels réguliers à raison de deux passages dans l'année. Diverses pistes permettant d'accéder au parc à partir du domaine rural sont utilisées pour la surveillance et les autres activités de gestion. Cependant, ces pistes ne sont pas régulièrement entretenues et plusieurs ouvrages de franchissement sont endommagés à divers endroits. En plus du layon WWF entre le point R et le point 18, qui fait 12 km, un layon d'environ 40 km relie la base de vie V6 au point N. Un sentier pédestre d'une douzaine de km permet d'accéder au Mont Niénokoué à partir de l'Ecotel. Ce sentier facilite l'accès aux chimpanzés habitués dans la zone écotouristique. Le parc national de Taï enregistre des infrastructures et équipements majoritairement en bon état (Tableau 28).

Tableau 27 : Les infrastructures et équipements du parc national de Taï

Localisation	Type de bâtiment	Utilisateurs	État
	Bureau Siège		
Soubré	1 bâtiment à usage de bureau, 1 logement de 4 pièces, 1 logement jumelé de 4 pièces	Direction de Zone Sud-Ouest Directeur de Zone Sud-Ouest Chargé d'études et Coordonnateur BM	Bon
	Ancien Bureau Siège		
San Pedro	1 bâtiment à usage de bureau	GIZ (location)	Bon
Secteurs			
Taï	1 bureau 1 bureau 1 logement simple 5 logements jumelés	Chef de Secteur Chefs d'équipe Chef Secteur Agents Secteurs	Bon
Zagné	1 bureau 1 logement simple 4 logements jumelés	Brigade Mobile Chef de Poste 8 Agents Brigade Mobile	Bon Passable Passable
Djidoubaye	1 bureau 1 logement simple 1 logement jumelé	À utiliser comme poste relais de rotation des effectifs	Mauvais
ADK	1 bureau 2 logements simples 5 logements jumelés	Secteur ADK / V6 Chef de Secteur + 1 adjoint Agents Secteurs	Passable Passable Passable
V6	1 bureau 1 logement simple 5 logements jumelés	Secteur V6 Chef de Secteur + 1 adjoint Agents Secteur (+ménages)	Passable Passable Passable
Soubré	1 bureau 1 logement simple 13 logements jumelés 1 logement simple	Secteur Soubré Chef de Secteur Agents Secteurs et Brigade Mobile 4 chambres passage	Bon Passable Passable Passable
Djouroutou	1 bureau 2 logements simples 3 logements jumelés	Secteur Djouroutou Chef de Secteur + 1 adjoint Agents Secteur	Bon Passable Passable
Djapadji	1 bureau 1 logement simple 5 logements jumelés	Secteur Djapadji Chef de Secteur + 1 adjoint Agents Secteur	Passable Passable Passable
Localisation	Type de bâtiment	Utilisateurs	État
Ecotel	10 cases rondes + sanitaires	- visiteurs / 20 à 25 lits	Bon

« le Touraco » (Djouroutou)	1 paillote + cuisine + sanitaires 8 cases logement personnel 1 bâtiment bureau + logements	- restaurant - guides de tourisme / sans famille	
Zagné Djouroutou Djapadji Walèbo Sarakadji Para Zaïpobly V6	1 logement de 3 pièces	Agents Brigade Mobile WCF Agent Secteur En location Inoccupé FACI Un riverain En location	Mauvais

Source : OIPR, 2022

Le parc national de Taï dispose de bureaux et logements dont la quasi-totalité est en bon état. Il regorge divers bâtiments servant de bureaux et de logements dans les localités abritant la Direction et les services déconcentrés du parc. Une auberge dénommée « Ecotel Touraco » servant à l'hébergement de touristes est localisée à proximité du PNT à 7 km de piste de Djouroutou. Son exploitation est concédée à un opérateur privé (N'zi River Lodge) depuis 2018 pour une période de 7 ans renouvelable. Un écomusée a été également construit à Taï pour promouvoir les valeurs du PNT et les activités de gestion auprès du grand public. Outre les constructions et terrains appartenant au parc dans le domaine rural, la station de recherche en écologie de Taï, située à l'intérieur du massif, héberge des chercheurs pour les travaux scientifiques. Les services de la Direction de Zone sont dotés en matériels de bureaux, de communication, de surveillance. Quant aux moyens de mobilité, la DZSO enregistre des engins adéquats pour assurer la surveillance de ce joyau (Tableau 29).

Tableau 28 : Les moyens de mobilité du parc national de Taï

Désignation	Immatriculation	Marque	Date de mise en service	Service utilisateur	État
Auto	D74 274 D74 482 5466JH01 5472 JH01 D75 421 D75 420 D74 529 D74 279 D74 654 D74 655	Nissan (Patrol) Toyota LandCruiser Toyota Hilux DC Toyota Hilux DC Toyota LC SC Toyota LC SC Toyota LC SC Toyota LC SC Toyota LC SC Toyota LC SC	Février 2016 Septembre 2012	DZSO CE Sect. Soubré Sect. ADK/V6 Sect. Taï Sect. Djapadji Sect. Djouroutou BMSO BMSO BMSO	Bon Bon Bon Bon Bon Bon Bon Bon Passable Passable
	D 74 421	Nissan (Patrol)	Août 2014	BMSO	Passable
	8314FZ01	Toyota Hilux DC	14/03/2013	CMR	Bon
Moto	D 74 431 7109 FF 01 3039 FZ 01	Yamaha XTZ 125 Yamaha DT 125 Yamaha YBR 125G	12/08/14 19/12/11 Juillet 2013	BMSO	Passable Passable Passable
	3297 FZ D 74 432	Yamaha YBR 125G Yamaha XTZ 125	12/08/2014	ADK/V6	Passable

	2269 FF 01 D 74 433	Yamaha DT 125 Yamaha XTZ 125	25/07/2012 Juillet 2013	Djapadji	Passable Passable
	D74 434	XTZ 125	12/08/14	Soubré	Bon
	3303 FZ 01 D 74 435 D74 276	Yamaha YBR 125 Yamaha XTZ 125 Yamaha XTZ 125	Sep 2013 13/08/14 Oct 2016	Taï	Passable Passable Passable
	3038 FZ 01 D 74 433 D 74 877 D74 878	Yamaha DT 125	Juillet 2013 12/08/14	Djouroutou	Passable Passable Passable
Moteur Horsbord	E40GMHL1037216-J E40GMHL1037174-J GS71-0500252	Yamaha 6F 6K Yamaha W-27HF	2012 2014	ADK/V6	2 coques en bon état et 1 passable

Source : OIPR, 2022

Le parc national de Taï affiche environ 40% des moyens et pièces de mobilité en bon état et 60% dans un état passable. La quasi-totalité des bâtiments et bureaux ont été réhabilités, le matériel et les équipements renouvelés. Ainsi, 108 bâtiments, la clôture et la guérite de la DZSO ont-ils été réhabilités. Au titre des constructions, 1 salle de réunion, 1 garage d'engins de travaux publics, 1 terrain de sport font partie de nouvelles réalisations.

En ce qui concerne les infrastructures touristiques, des contributions de partenaires techniques et financiers ont été suscitées pour appuyer et accompagner l'émergence d'un nouveau pôle touristique en plus de l'Ecotel Touraco. Ainsi, 2 cases traditionnelles pour le tourisme communautaire ont été construites à Gouléako 1 et Daobly. Le campement BOYE a été mis en place en forêt dans le cadre de l'habituation des singes à queue (mangabey et colobe rouge) à des fins touristiques. De plus, 2 sentiers botaniques ont été aménagés dans les zones touristiques de Taï et Djouroutou, dont l'un porte le nom du Professeur AKE-ASSI. Dans le cadre de la professionnalisation de l'activité touristique, l'exploitation de l'Ecotel Touraco a été concédée à un opérateur privé (N'Zi River Lodge) à travers un contrat. Pour ce qui est de l'entretien des infrastructures et équipements, 1 plan de gestion contenant des directives a été élaboré et mis en œuvre pour assurer leur fonctionnalité.

7.2. Des programmes intensifiés pour la sauvegarde du parc national de Taï

Dans le cadre de la préservation de la biodiversité du Parc National de Taï, des programmes ont été intensifiés entre 2012 et 2022. Ces efforts visent à renforcer la surveillance, lutter contre le braconnage et promouvoir la cohabitation harmonieuse entre l'homme et la nature au sein de ce joyau de la nature en Afrique de l'Ouest.

7.2.1. Des programmes de surveillance, de protection, de suivi écologique et de recherche renforcés

Le programme de surveillance et de protection a pour objectif d'assurer l'intégrité territoriale du parc, de ses habitats et de sa biodiversité. Son exécution s'est traduite principalement par la réalisation de missions de surveillance, la sécurisation foncière des sites abritant les services de la DZSO et la récupération des zones occupées par les cultures. Concernant les missions de surveillance, 1 264 hommes-jours de patrouilles ordinaires et 1 040 hommes-jours en 2 missions d'envergures ont été réalisés en moyenne chaque année. Ces patrouilles ont permis de couvrir 94% du parc avec un accent particulier sur les zones vulnérables (56% des efforts de patrouilles). Pour la sécurisation foncière des services, deux titres fonciers et deux ACD ont été obtenus. Enfin, les efforts déployés ont permis d'aménager 4 485 ha de parcelles anciennement occupées par des exploitations agricoles. Avec l'appui de l'Université NANGUI ABROGOUA, la régénération naturelle de ces parcelles fait l'objet de suivi scientifique depuis 2015.

Les programmes de suivi écologique et de recherche ont contribué à l'amélioration du système de gestion du parc sur la base des connaissances issues des résultats. En effet, deux actions majeures ont été réalisées, dont l'une porte sur la mise en œuvre du programme de suivi écologique et l'autre sur la réalisation de travaux de recherche répondant aux besoins exprimés par le gestionnaire. De 2014 à 2018, cinq (5) phases de suivi écologique ont été exécutées avec l'appui d'un groupe de travail mis en place en 2015. Cette mesure a permis, au-delà du changement du dispositif intervenu en 2016, d'améliorer la qualité des données collectées et de connaître l'état de conservation du parc à travers certaines cibles de conservation. La dynamique des indices kilométriques est positive pour des espèces de mammifères notamment les buffles, singes diurnes, hippopotames pygmées, éléphants, chimpanzés avec un croît qui se situe au-delà des 5% escomptés. Toutefois, les indices kilométriques de Bovidés se caractérisent par une stabilité. Quant à l'évolution des abondances, la dynamique semble bonne pour les Céphalophes et les éléphants avec une tendance à l'augmentation. Les singes à queue présentent une stabilité. Quant aux chimpanzés, une tendance à la diminution a été observée entre 2017 et 2018, mais reste entachée par d'éventuels biais liés aux conditions de collecte des données pour l'espèce. Dans le domaine de la recherche, un recueil des thèmes prioritaires a été élaboré et mis en œuvre. Ainsi, diverses études spécifiques portant sur la pintade à poitrine blanche, le faux gavial, l'hippopotame pygmée, les écosystèmes aquatiques, la qualité des eaux et le suivi de la régénération naturelle dans les zones récupérées ont été réalisées. Ces études ont permis d'améliorer les connaissances sur ces espèces et écosystèmes qui étaient jusque-là peu étudiés.

7.2.2. La gestion participative et la communication intensifiées

La gestion participative a permis de renforcer l'implication des communautés riveraines dans la gestion, la conservation du PNT et dans le développement intégré. Les actions développées se sont articulées autour de la consolidation des structures de concertation entre le parc et les populations riveraines, l'appui à la réalisation d'initiatives de développement qui répondent aux priorités exprimées par les communautés, la recherche et la mobilisation de partenaires disposés à investir dans la zone riveraine et l'appui à la vulgarisation et la mise en œuvre des systèmes agricoles productifs pour un développement communautaire durable. Ainsi, 18 Associations Villageoises de Conservation et de Développement (AVCD) et 1 UAVCD (Union des Associations Villageoises de Conservation et de Développement) ont régulièrement été impliquées dans les activités de gestion renforçant ainsi l'interface PNT/populations riveraines. L'action s'est étendue aux autres groupes sociaux de base, dont le nombre est passé de 24 en 2015 à 76 en 2018. L'appui à la gestion durable de ressources naturelles au bénéfice des populations riveraines a permis de mettre en place 4 sites pilotes d'agroforesterie (35 000 plants d'arbres forestiers utiles produits et distribués dans la périphérie) et d'apporter un appui à la gestion de 5 forêts communautaires (cartographies, élaboration de plans simples de gestion). Cet appui s'est aussi traduit par la signature d'une convention locale de gestion durable des ressources du lac de Buyo dans la Réserve Partielle de Faune du N'zo (secteur de pêche de Buyo) avec les communautés de pêche en vue d'une meilleure exploitation des ressources halieutiques.

En vue de renforcer l'implication des riverains, la DZSO et ses partenaires ont également mis en œuvre un programme d'appui à l'amélioration des conditions de vie des populations à travers la réhabilitation d'infrastructures sociales de base et la promotion d'activités génératrices de revenus. Dans ce cadre, une maternité a été construite et équipée à Djapadji, 2 clôtures construites (hôpital de Taï et du Centre de Santé Urbain de Zagné) ainsi qu'un bâtiment de 3 classes réhabilité et équipé en tables bancs à Kodaya. En ce qui concerne les AGR, ce sont 22 microprojets générateurs de revenus (aviculture, porciculture, pisciculture, etc.) qui ont été mis en place et les capacités des bénéficiaires ont été renforcées à travers 16 sessions de formation au profit de 21 GSB, 2 associations de pisciculteurs et 25 AVCD.

Quant à la Communication, Marketing et Sensibilisation, elles ont été utiles pour améliorer l'image et la compréhension du PNT en vue de mieux faire connaître son importance et d'assurer sa pérennité. La réalisation de cet objectif s'est appuyée sur trois activités majeures que sont (i) faire connaitre davantage le PNT au plan national et international, (ii) obtenir le soutien et l'engagement de nouveaux partenaires et (iii) améliorer l'adhésion des communautés locales et des autorités à la conservation du parc. Les acquis de ce programme sont multiples. Concernant la visibilité du parc, l'on note que le site web et les pages du PNT sur les réseaux sociaux ont été visités 383 128 fois de 2015 à 2018. L'analyse de ces statistiques permet de dégager une augmentation de plus de 10% du nombre de sollicitations et de visites du site web et des pages sur les réseaux sociaux chaque année. Par ailleurs, le site web (www.ecotourismetai.com) a été visité 12 668 fois de 2017 à 2019. Une page Facebook dédiée à l'Ecotourisme Taï, créée en juin 2019, renforce également la visibilité du PNT et des activités proposées. Elle compte 250 abonnés et les publications atteignent en moyenne 1315 personnes par semaine. Enfin, une newsletter bimestrielle dédiée au PNT est diffusée depuis août 2019 à près de 100 destinataires.

En outre, les efforts se sont poursuivis pour assurer la couverture des évènements majeurs par les médias. Dans ce sens, 116 activités des gestionnaires du PNT ont été couvertes de 2015 à 2018. Les activités de sensibilisation et d'information relatives aux thématiques de conservation du PNT ont touché 84 des 127 localités de sa zone périphérique de 2014 à 2018. Des actions de plaidoyers ont permis d'obtenir le soutien de 10 partenaires financiers et 16 partenaires techniques pour accompagner la DZSO dans la mise en œuvre de ces activités. Ces partenariats se sont étendus aux 3 Conseils Régionaux de l'Espace Taï pour une meilleure prise en compte du PNT dans les Schémas Régionaux d'Aménagement et du Développement du Territoire (SRADT).

7.2.3. L'écotourisme et le management soutenus

L'écotourisme a permis de développer un tourisme durable et participatif au PNT. L'atteinte de cet objectif s'est appuyée sur 3 activités majeures que sont :

(i) élaborer et mettre en œuvre un plan de développement touristique,

(ii) assurer la fonctionnalité de l'Ecotel et de l'Ecomusée et

(iii) faire bénéficier des retombées du tourisme aux communautés riveraines. Ainsi, deux types de tourismes ont été développés, l'un basé sur la culture (tourisme communautaire) et l'autre porté sur la nature (visite des chimpanzés et les autres primates).

S'agissant du tourisme communautaire, 2 organisations locales ont été mises en place à Gouléako 1 et Daobly dans le Secteur de Taï. Cependant, celle de Daobly n'a pas produit les résultats escomptés, eu égard au désintérêt des communautés. Quant au tourisme dans le PNT, il a été renforcé par le programme d'habituation des chimpanzés à Djouroutou et celui des mangabeys et colobes rouges à Taï. Un contrat de concession a été signé en 2018 avec l'entreprise N'Zi River Lodge pour la gestion des infrastructures de l'Ecotel Touraco et du Campement Chimpanzé afin d'améliorer l'offre touristique et la qualité des services y rattachés. Depuis lors, des travaux de rénovation ont été entrepris par le concessionnaire. Au total, sur la période de la mise en œuvre du PAG (2014-2018), le PNT a enregistré 1 008 visiteurs. Le taux de satisfaction des touristes ayant eu pour centre d'intérêts l'observation des chimpanzés habitués, des mangabeys et colobes et le séjour au village de Gouléako 1 était de 90%. Par ailleurs, les fréquentations de l'Ecomusée ont atteint 2 930 visiteurs entre 2015 et 2018. Ces activités touristiques ont permis de créer 51 emplois de 2014 à 2018 au profit des communautés riveraines.

Le programme management a permis d'assurer une gestion administrative et financière performante et transparente du PNT. Pour l'atteinte de cet objectif, les activités majeures suivantes ont été réalisées

(i) améliorer la gestion des ressources humaines,

(ii) auditer les comptes du PNT et disposer de nouvelles sources de financements, et

(iii) rendre opérationnels les organes et outils de gestion. Dans le cadre du renforcement des capacités techniques du personnel, un plan de formation a été mis en œuvre de 2016 à 2018 avec la participation de tous les agents à au moins une session de formation. Par ailleurs, les comptes du parc font l'objet d'audit chaque année. Les différents audits réalisés ont attesté de la conformité de la totalité des dépenses avec les dispositions des différents manuels de procédures de gestion administrative et financière. Cette transparence dans l'utilisation des ressources est de nature à rassurer les partenaires techniques et financiers impliqués dans la gestion du PNT. Les efforts déployés par la Direction Générale ont permis de mobiliser un certain nombre de fonds notamment le PIF (Plan d'Investissement Forestier) à hauteur de 1 milliard de francs CFA pour soutenir la gestion durable du PNT. En outre, diverses subventions ont été accordées par des partenaires financiers pour la réalisation d'activités et projets spécifiques (Assistance internationale UNESCO, SGP/FEM, FFEM, GIZ, WCF).

Les efforts conséquents de l'État Ivoirien bénéficiant du soutien constant des partenaires au développement, en particulier la Coopération Allemande (KfW, GIZ), qui a maintenu son appui au parc depuis 1993, font du parc, l'aire protégée ouest africaine la mieux conservée des forêts, du domaine guinéen. Aussi, le parc s'est, au fil du temps, doté d'outils stratégiques de gestion conformes aux standards internationaux en matière de gestion d'aires protégées. Il s'agit notamment de Plan d'Aménagement et de Gestion, de plan d'affaires, de plans de surveillance, de suivi écologique, de mesures riveraines, de communication, d'écotourisme, etc. En outre, le souci de promouvoir de bonnes pratiques en matière de gouvernance a nécessité la mise en place d'organes de gestion destinés principalement à susciter l'implication et la participation effectives de l'ensemble des parties prenantes à la gestion du PNT. Il s'agit notamment du Comité de Gestion Locale (CGL) et du Comité de suivi des activités d'orpaillage à la périphérie du PNT. Il convient de préciser que le CGL du PNT, mis en place en 2007, a enregistré ces dernières années des performances qui lui ont permis de remporter en 2017 et 2018, le Prix d'Excellence du meilleur CGL d'aire protégée décerné chaque année à l'occasion de la célébration annuelle de la Journée de l'Excellence.

Enfin, l'évaluation de l'efficacité de gestion du PNT à l'aide de l'outil METT (Management Effectiveness Tracking Tool) a permis d'enregistrer les scores partant de 66,67% en 2012 à 83,84% en 2018 ; ce qui atteste l'amélioration de la situation du site.

Conclusion du chapitre 7

Le renforcement du personnel administratif, du partenariat, des infrastructures et équipements, les programmes intensifiés pour la sauvegarde du Parc National de Taï depuis 2012 témoignent de l'engagement continu envers la conservation et la protection de cette aire protégée. Ces efforts ont permis d'améliorer la gestion du parc, d'intensifier les actions de surveillance et de lutte contre le braconnage, et de renforcer les capacités d'accueil des visiteurs. Le partenariat entre les acteurs locaux, nationaux et internationaux a été essentiel pour mobiliser les ressources nécessaires et mettre en œuvre des projets innovants de conservation. La mise en place d'infrastructures modernes et d'équipements adaptés a également contribué à renforcer l'efficacité des actions menées dans le parc. Ces initiatives ont permis de préserver la biodiversité et de promouvoir un tourisme durable, tout en garantissant le bien-être des communautés locales.

Conclusion de la partie 2

L'actuel parc national de Taï a connu son premier classement en 1926. Sous l'appellation de parc refuge de la région forestière du Moyen Sassandra et du Bas Cavally, l'aire protégée de Taï a attiré l'attention des premiers explorateurs par la beauté de son paysage et surtout la richesse de la biodiversité qui paraissait unique. Sous l'impulsion des colons qui l'avaient remarqué, le parc a connu une protection dans cet espace encore "vide" d'hommes. Les colons ont transmis aux nationaux un massif forestier encore intact. Les exigences du développement économique vont créer de nombreuses mutations dans la zone durant les premières décennies de la phase nationale. Le dynamisme humain qui s'ensuivra va porter atteinte à l'intégrité jusque-là conservée du parc. Face à ces menaces, la communauté internationale qui avait reconnu d'abord en 1978 et en 1982 le parc national de Taï comme bien de l'humanité va s'investir pleinement dans sa sauvegarde avec l'appui de l'État de Côte d'Ivoire. Ainsi, le parc va connaitre différents cadres de gouvernance allant de l'Inspection de Chasse à l'OIPR en passant par les Cellules d'Aménagement et le PACPNT. Ces appareils ont contribué, en dépit des crises de 1999 et 2002, à maintenir l'intégrité du parc, à renforcer sa conservation pour en faire aujourd'hui, l'un des parcs les mieux protégés du pays. L'analyse des 50 premières années de la vie du parc, objet de cette deuxième partie, conclut à l'atteinte du pari de la conservation dans un contexte national marqué par la dégradation de la quasi-totalité des aires protégées. Le parc national de Taï est conservé, aujourd'hui, à plus de 99% dans son état originel. Le défi actuel est celui du maintien de cette tendance durant les 50 prochaines années au regard des incertitudes de l'environnement local, national et sous régional, voire mondial.

Partie 3
PENSER L'AVENIR DU PARC NATIONAL DE TAÏ POUR LES 50 PROCHAINES ANNÉES

Introduction de la partie 3

Comprendre comment le parc national de Taï est parvenu à la situation actuelle, tel était le but de la partie précédente qui s'est plongée dans l'histoire lointaine et récente du parc. Ainsi, l'analyse des 50 premières années d'existence du parc de Taï a permis de mettre en lumière les facteurs de succès de la stratégie de conservation du parc de Taï. Il s'agit, entre autres, d'une gestion multi-acteurs où la volonté affichée des gouvernants nationaux, des gestionnaires directs et cogestionnaires locaux se conjugue parfaitement à l'intérêt de plus en plus manifeste des partenaires internationaux.

Cette troisième partie aborde la dimension prospective de cette réflexion scientifique. Il s'agit de se tourner vers l'avenir avec pour point de mire, l'année 2072 qui est l'échéance des 50 prochaines années. L'objectif de cette partie consiste donc à explorer l'avenir du parc national de Taï sur la base des tendances en cours en s'appuyant sur les principaux enjeux et défis de développement du parc de Taï. L'avenir étant le domaine de l'incertitude, des futurs possibles du parc national de Taï à l'horizon 2072 seront construits. Ces images possibles du parc ne sont pas la réalité, mais une façon de se représenter l'avenir afin d'éclairer la prise de décision. Des pistes d'actions stratégiques seront déclinées pour orienter l'action publique du parc durant les 50 prochaines années.

Chapitre 8
Les enjeux clés d'avenir du parc national de Taï

Introduction du chapitre 8

Un enjeu est un point de passage obligé pour les acteurs, aux issues incertaines et multiples. Il y a donc possibilité de perte ou de gain pour chaque acteur impliqué d'où le nom d'enjeu, « ce qui est en jeu » (Bassaler, 2004). Ce sont des nœuds de décision qui vont structurer l'avenir avec la possibilité d'aller dans toutes les directions possibles.

Le Parc National de Taï est confronté à plusieurs enjeux d'avenir qui nécessitent une attention particulière afin de pérenniser ses fonctions de conservation de la biodiversité et de développement durable. L'identification de ces enjeux est basée sur les grandes leçons tirées de la rétrospective qui retrace la trajectoire socio-historique de la gouvernance du parc national de Taï durant les 50 années passées. Ces enjeux se structurent autour des principaux points suivants : (i) l'évolution du contexte socio-politique local, national et sous-régionale, (ii) l'efficacité du cadre juridico-institutionnel et opérationnel, (iii) le niveau d'humanisation de la zone riveraine, (iv) le niveau d'implication des populations locales dans la conservation du parc et (v) le financement du parc.

8.1. Les enjeux liés à l'évolution du contexte socio-politique local, national et sous-régional du parc de Taï

Le parc national de Taï évolue dans un contexte socio-politique complexe tant au niveau local, national que sous-régional, influençant directement les efforts de conservation.

8.1.1. Un contexte local déterminant pour la conservation du parc national de Taï

Au niveau local, les populations autour du parc national de Taï ont, historiquement, été dépendantes de la forêt pour leurs moyens de subsistance, à travers l'agriculture, la chasse et la collecte de produits forestiers. Avant les années 1970, la pression démographique était relativement faible, permettant une coexistence durable entre les activités humaines et la conservation de cette aire protégée. Cependant, avec le dynamisme démographique impulsé par le programme ARSO, le processus d'anthropisation du massif forestier s'est renforcé. Des efforts ont été faits pour intégrer les communautés locales dans la gestion du parc, à travers les sensibilisations, la création des AVCD et les relais communautaires. Des initiatives telles que la création d'emplois dans le tourisme écologique et des projets de conservation communautaire ont été mises en place pour réduire la dépendance des populations locales vis-à-vis des ressources forestières. Bien que ces initiatives soient cruciales pour la préservation de la biodiversité et la protection des espèces menacées telles que les éléphants de forêt et les chimpanzés, elles souffrent d'un manque de soutien et de coordination. Les populations locales, souvent en première ligne de la conservation, manquent de ressources et de formations adéquates pour mener à bien leurs projets. De plus, les efforts de sensibilisation auprès des communautés environnantes sont insuffisants, ce qui limite l'adhésion et la participation active des habitants. Les autorités locales et les organisations non gouvernementales peinent à mobiliser des fonds suffisants pour soutenir ces initiatives, et les politiques de conservation ne sont pas toujours mises en œuvre de manière efficace. Par conséquent, l'enracinement du processus d'anthropisation menace l'intégrité écologique du parc.

8.1.2. Un contexte sociopolitique sous-régional et national influençant la conservation du parc national de Taï

L'Afrique de l'Ouest est l'une des régions du continent qui connait le plus de dynamiques socio-politiques[11]. La région a été et continue d'être marquée de nombreux coups d'État et des conflits transfrontaliers. Le parc national de Taï, proche des frontières avec le Liberia, a été affecté par les mouvements de réfugiés et les activités transfrontalières illégales pendant la guerre civile libérienne des années 1990 et 2000. Les efforts de coopération régionale, par le biais de la CEDEAO, ont progressivement renforcé les initiatives de conservation transfrontalière et la sécurité environnementale.

Depuis sa création en 1936 comme réserve forestière, puis sa transformation en parc national en 1972, le parc national de Taï a

[11] https://westafrica.oxfam.org/fr/latest/blogs/crises-politiques-en-afrique-de-louest-et-le-ras-le-bol-des-populations-0

traversé diverses phases de l'histoire de la Côte d'Ivoire. Durant la période coloniale française, la gestion des ressources naturelles était principalement axée sur l'exploitation, mais avec une certaine préoccupation pour la préservation des forêts. Après l'indépendance en 1960, le pays a connu une relative stabilité politique qui a permis d'établir des cadres législatifs pour la protection des parcs nationaux. Les décennies suivantes ont été marquées par des crises politiques et des conflits armés, notamment le coup d'État de 1999, la crise sociopolitique de 2002 et la crise post-électorale de 2010-2011. Ces périodes d'instabilité ont conduit au départ de certains partenaires comme TROPENBOS et le WWF, à l'arrêt ponctuel des financements internationaux et à une dégradation significative des ressources naturelles en raison du relâchement des contrôles et de l'augmentation des activités illégales telles que l'exploitation forestière et l'agriculture. Depuis la fin de ces conflits, en 2011, le pays a entrepris des efforts de reconstruction et de renforcement des institutions, offrant une opportunité de rétablir et de renforcer les mesures de conservation. Ainsi, la stabilité en Côte d'Ivoire et la mise en place de stratégies nationales de protection constituent des enjeux majeurs pour la conservation durable du parc national de Taï.

8.2. Les enjeux liés à l'efficacité du cadre juridico-institutionnel et opérationnel de gouvernance du parc national de Taï

L'efficacité du cadre juridico-institutionnel et opérationnel de gouvernance du parc national de Taï demeure capitale pour la conservation de ce précieux écosystème. Des lois et régulations existent pour protéger le parc, mais leur application peut s'avérer souvent difficile. La coordination entre les diverses autorités et parties prenantes est parfois déficiente. L'avenir du parc national de Taï sera ainsi conditionné par la performance de son cadre juridique et institutionnel, la coopération entre acteurs institutionnels et les moyens opérationnels de gestion et d'aménagement.

8.2.1. Les niveaux de performance du cadre juridique et institutionnel et de coopération des autres acteurs institutionnels du parc national de Taï

Le cadre juridique et institutionnel et la coopération des autres acteurs institutionnels sont des enjeux clés pour la conservation durable du parc national de Taï. En effet, lorsque des lois et des régulations adéquates existent, leur mise en application reste un défi majeur. Les violations des régulations environnementales, telles que le braconnage, l'orpaillage illégal et la déforestation, sont fréquentes en raison des lacunes du système d'encadrement. Les institutions responsables de la gestion du parc sont souvent confrontées à des capacités limitées en termes de ressources humaines, financières et techniques. Cette limitation affecte leur efficacité à mettre en œuvre et à faire respecter les régulations existantes. La coopération entre les différentes institutions impliquées dans la gestion du parc est souvent insuffisante. Les compétences partagées entre divers ministères, agences et ONG entrainent des chevauchements et des lacunes dans la mise en œuvre des politiques de conservation.

Aussi, l'on note une absence de synergie entre les acteurs institutionnels du parc. Les partenariats entre les secteurs public et privé sont cruciaux pour mobiliser des ressources et des compétences supplémentaires. Cependant, ces partenariats restent sous-exploités, limitant les opportunités de collaboration et de financement pour les initiatives de conservation. Aussi l'implication des communautés locales dans la gouvernance du parc est-elle essentielle pour assurer le succès des initiatives de conservation. Toutefois, la coopération entre les institutions et les populations locales est souvent insuffisante, ce qui entraine une méfiance voire une opposition aux régulations environnementales.

8.2.2. Des moyens opérationnels de gestion et d'aménagement qui vont conditionner l'avenir du parc

Le parc s'illustre comme l'un des parcs les mieux équipés du pays. Son patrimoine mobilier, immobilier et logistique est considérable et majoritairement en bon état. L'avenir du parc sera donc conditionné par la disponibilité et le renforcement de ses capacités opérationnelles. Cependant, la dépendance aux dons et aux subventions externes peut créer une vulnérabilité financière susceptible de compromettre la continuité des projets de conservation. Dans ce cas, l'insuffisance de moyens de mobilité, de matériel de surveillance et d'installations d'unités de recherche pourrait limiter l'efficacité des efforts de conservation. La formation et le développement des compétences des gestionnaires du parc et des gardes forestiers sont essentiels pour une gestion efficace. Toutefois, les opportunités de formation continue et de renforcement des capacités sont souvent limitées, ce qui affecte la performance opérationnelle.

8.3. Les enjeux liés au niveau d'humanisation de la zone riveraine

La zone riveraine se caractérise par un fort niveau d'humanisation qui, s'il se poursuit, peut entrainer la rupture des efforts de conservation entrepris depuis des décennies. Cette humanisation se manifeste par l'expansion des villages, la création de plantations et l'exploitation des forêts environnantes. Ces activités, bien qu'essentielles pour la survie des populations riveraines, menacent la biodiversité du parc.

8.3.1. Le processus de décentralisation dans la zone riveraine, un facteur important dans la sauvegarde du parc national de Taï

Le processus de décentralisation dans la zone riveraine du parc représente un enjeu majeur pour le développement local et la conservation de cet espace naturel. La décentralisation, qui vise à transférer les pouvoirs et les responsabilités de l'administration centrale aux collectivités territoriales, a des impacts positifs, mais aussi négatifs significatifs sur la gestion des ressources naturelles et le bien-être des populations riveraines. Les collectivités territoriales existantes manquent souvent de capacités institutionnelles pour gérer efficacement les ressources naturelles et mettre en œuvre des politiques de conservation des aires protégées qui sont situées sur leurs ressorts territoriaux. Les collectivités territoriales sont confrontées aussi à des difficultés dans la mobilisation des financements suffisants pour soutenir les projets de développement et de conservation. La dépendance aux transferts de fonds de l'État limite leur autonomie financière et leur capacité à répondre aux besoins locaux. En outre, la création de nouvelles communes dans la zone riveraine qui est caractérisée par la présence de grandes localités pourrait y accroitre le niveau d'humanisation avec son corolaire de nouvelles habitudes alimentaires, et compromettre les efforts de conservation du parc.

8.3.2. Le niveau de pauvreté, un enjeu majeur de conservation du parc national de Taï

Le niveau de pauvreté comme enjeu d'humanisation s'apprécie à différentes échelles. En effet, dans la zone riveraine du parc, la proximité du parc favorisant de meilleures conditions agro-climatiques qui sont propices à l'amélioration de la productivité des cultures y pratiquées par rapport aux régions éloignées, le parc constitue une destination privilégiée de nombreux migrants agricoles nationaux et internationaux. Cette migration aura pour effet d'accroitre le niveau d'humanisation de la zone riveraine du parc, constituant une menace pour la conservation du parc national de Taï. En outre, les régions de la Nawa et du Cavally sont marquées par des niveaux de pauvreté relativement élevés. Cette situation ne permet pas de résorber le taux de chômage élevé des jeunes et des femmes en raison de la très faible offre d'emplois. La population désœuvrée, spécifiquement originaire de la zone riveraine du parc, sera tentée par un retour à la terre pour espérer tirer profit des ressources issues du parc pour améliorer ses conditions de vie. Ce retour contribuera à renforcer le niveau d'humanisation de la zone riveraine du parc ; ce qui ne sera pas sans effet sur l'intégrité écologique du parc de Taï. Parvenir à contenir le niveau d'humanisation du parc de Taï est donc un enjeu clé d'avenir pour la conservation du parc national de Taï.

8.4. Les enjeux liés au niveau d'implication des populations riveraines dans la conservation du parc

L'implication des populations riveraines est essentielle pour la conservation du parc national de Taï. Ces communautés locales, vivant en étroite proximité avec le parc, sont souvent les premières à interagir avec ses ressources naturelles. Leur engagement dans les initiatives de conservation est donc fondamental pour la protection de cet écosystème. Cependant, leur implication est souvent entravée par des facteurs tels que la pauvreté, le manque de sensibilisation aux enjeux environnementaux, l'absence de bénéfices directs perçus et les rapports difficiles entre gestionnaire et population.

8.4.1. Les rapports gestionnaires-populations riveraines, un défi complexe

La gestion du parc national de Taï implique des interactions entre les gestionnaires du parc et les populations riveraines. Ces interactions sont marquées par plusieurs enjeux cruciaux qui impactent la conservation et le développement durable du parc. En effet, les gestionnaires du parc visent principalement la préservation de la biodiversité, tandis que les populations riveraines dépendent des ressources naturelles pour leur subsistance. S'il faut saluer la création des AVCD, avec des succès relatifs observés, des divergences fonctionnelles d'intérêts entre ces deux catégories d'acteurs entrainent parfois des conflits liés à l'accès aux terres, la collecte de bois et les pratiques de chasse. De plus, il existe un manque de communication efficace entre les acteurs sus-cités. Les décisions de gestion sont parfois prises sans consultation adéquate des populations riveraines. L'on note souvent la méfiance entre les gestionnaires et les populations locales, entravant la mise en œuvre des initiatives de conservation.

8.4.2. La place des mesures riveraines, un défi à relever

L'inclusion des populations riveraines dans les structures de gestion permet de garantir une appropriation des décisions liées aux besoins de conservation, en corrélation avec leurs aspirations socio-économiques. Leur proximité avec le parc leur confère une connaissance des dynamiques écologiques locales, des cycles saisonniers et des comportements de la faune. Cependant, les mesures riveraines visant à intégrer les populations locales dans la conservation du Parc National de Taï présentent des faiblesses qui compromettent leur efficacité. L'une des principales lacunes réside dans le faible niveau de mise en œuvre de la participation communautaire. Les consultations avec les populations riveraines sont symboliques, ne permettant pas une réelle intégration des connaissances et des préoccupations locales dans les stratégies de gestion. Cela peut créer un sentiment de marginalisation parmi les communautés qui pourraient percevoir les initiatives de conservation comme imposées plutôt que co-construites, réduisant ainsi leur adhésion et leur collaboration.

L'on note également la relative faiblesse des ressources allouées aux programmes de développement des capacités et de soutien économique alternatif. Sans investissements suffisants dans des formations pratiques et des projets générateurs de revenus durables, les populations riveraines continueront de dépendre des ressources du parc pour leur subsistance. Cette situation persistante entraîne une exploitation continue des ressources naturelles, exacerbant les pressions sur l'écosystème du parc. De plus, la quasi-absence de mécanismes de financement durable pour ces initiatives limite leur portée et leur impact à long terme.

8.5. Les enjeux liés au financement du parc national de Taï

Le financement du parc national de Taï est un enjeu qui détermine son niveau de conservation. Les fonds sont indispensables pour diverses activités, notamment la surveillance contre le braconnage, la restauration des habitats, les mesures riveraines, la recherche scientifique et l'éducation environnementale. Cependant, le parc fait face à des défis financiers majeurs, notamment la dépendance aux subventions extérieures et la faiblesse des financements innovants.

8.5.1. Un faible niveau d'autonomisation du financement du parc

La conservation du parc national de Taï dépend largement des financements provenant de partenaires techniques et financiers internationaux. Cette dépendance crée une situation de vulnérabilité pour la gestion durable de cet espace protégé. Ces ressources sont, certes, vitales pour la survie du parc, mais elles sont par nature temporaires et sujettes à des variations en fonction des priorités et des politiques des donateurs. En outre, en cas de réduction ou de cessation des aides extérieures, les activités de conservation sont sévèrement compromises. Ce fut le cas après le coup d'État de 1999 où le principal donateur qui est la Coopération Allemande (GIZ) a dû arrêter ses financements, mettant à mal les actions de protection du parc. Cette situation crée une instabilité qui rend difficile la planification à long terme et la mise en œuvre de stratégies de conservation durables. Les initiatives qui pourraient générer des revenus pour les communautés, telles que l'écotourisme ou l'agroforesterie, sont sous-financées et ne peuvent pas atteindre leur plein potentiel. L'absence de mécanismes financiers innovants, tels que les paiements pour services écosystémiques ou les fonds de conservation basés sur le marché, limite les stratégies d'autonomisation financière.

8.5.2. L'implication des partenaires privés locaux, un enjeu crucial pour la conservation du parc national de Taï

L'engagement des partenaires privés locaux fournit des ressources financières, techniques et logistiques indispensables pour compléter les efforts de conservation. Cependant, le niveau d'implication de ces partenaires est souvent insuffisant en raison d'un manque de sensibilisation aux enjeux environnementaux et de bénéfices économiques perçus comme incertains. En outre, l'absence de politiques incitatives et de cadres de collaboration structurés limite leur participation active. L'on note aussi une absence de Paiements pour Services Écosystémiques (PSE), qui sont des incitations financières versées aux propriétaires ou gestionnaires de terres. Les PSE sont destinés à maintenir ou à améliorer les services écosystémiques tels que la séquestration du carbone et la préservation de la biodiversité. Dans le parc national de Taï, de tels mécanismes sont presque inexistants, sinon peu exploités, privant les communautés locales et les gestionnaires du parc de revenus potentiels pour financer des initiatives de conservation. Cette situation prive le parc de ressources financières importantes qui sont des dividendes légitimes des bénéfices qu'il procure aux entreprises existant dans son environnement immédiat. Une poursuite de cette tendance pourrait rendre le parc toujours dépendant des ressources non autonomes.

Conclusion du chapitre 8

La préservation du parc national de Taï repose sur une compréhension des enjeux clés d'avenir qui se dessinent. Ces enjeux sont déterminants pour l'avenir, car, c'est autour d'eux que se construira l'avenir du parc. La rétrospective a permis d'identifier 5 principaux enjeux, à savoir l'évolution du contexte socio-politique local, national et sous-régional ; l'efficacité du cadre juridico-institutionnel et opérationnel, le niveau d'humanisation de la zone riveraine, le niveau d'implication des populations locales dans la conservation du parc et le financement du parc. La documentation de ces enjeux permettra de dégager des incertitudes critiques qui serviront de points d'ancrage pour la construction des scénarios d'évolution du parc de Taï pour les 50 prochaines années.

Chapitre 9
Construire les avenirs possibles du parc de Taï à l'horizon 2072

Introduction du chapitre 9

Depuis sa création en 1972, le parc de Taï a été un sanctuaire pour la faune et la flore, offrant un refuge à de nombreuses espèces face à la déforestation galopante dans la région. Toutefois, le processus d'anthropisation combiné aux impacts du changement climatique, pose des défis importants pour sa préservation. Ainsi, pour penser l'avenir de ce patrimoine, l'approche prospective adoptée dans cette partie s'appuiera sur la méthode de l'analyse morphologique pour la construction des scénarios d'évolution du parc pour les 50 prochaines années. Les tendances liées au contexte socio-politique national, sous-régional et local, au financement du parc national de Taï, au niveau d'implication des populations riveraines, au niveau d'humanisation de la zone riveraine, à l'efficacité du cadre juridico-institutionnel et opérationnel de gouvernance ont permis d'imaginer les futurs possibles du parc à l'horizon 2072. Ces scénarios visent à offrir un éventail des futurs possibles, en mettant en lumière les trajectoires et ruptures nécessaires pour maintenir et renforcer la conservation du parc.

9.1. L'analyse morphologique pour construire les scénarios

La méthode d'analyse morphologique a été initiée au milieu des années 1940 aux États-Unis par Fritz Zwicky de la Rand Corporation, dans le contexte militaire pendant la Deuxième Guerre mondiale (Lamblin, 2018). C'est une méthode d'exploration systématique des futurs possibles à partir de l'étude de toutes les combinaisons issues de la décomposition d'un système donné. À l'origine, utilisée en innovation technologique, cette méthode se prête aussi à la construction de scénarios prospectifs. La trame d'un scénario est une combinaison des hypothèses sur l'évolution des variables du système ; chaque scénario représentant un jeu d'hypothèses différent. Stimulante pour l'imagination, l'analyse morphologique permet un balayage systématique et transparent du champ des possibles. Elle est basée sur le principe de décomposition du système en composantes (sous-systèmes) aussi indépendantes que possible et représentatives de la totalité du système. Cette méthode comprend cinq étapes : (i) l'identification des incertitudes, (ii) la formulation des hypothèses, (iii) l'adoption du nombre de niveaux (iv) la détermination des profils morphologiques, et (v) l'exposé narratif des scénarios.

9.1.1. L'identification des incertitudes majeures/ ou questions-clés d'avenir

Les incertitudes sont des phénomènes ou processus qu'on maîtrise peu ou pas (Koby et Kouassi, 2023). Elles peuvent avoir plusieurs destinations dans l'avenir. Elles portent en elles des issues incertaines. L'objet de la prospective est de les identifier et créer les conditions pour réduire leurs marges de manœuvre. Cette première étape consiste donc à faire une formulation aussi exacte que possible de ces incertitudes ou du problème qui conditionne l'avenir du système étudié qui est la question clé d'avenir. L'incertitude se formule sous forme affirmative quand la question-clé l'est sous la forme interrogative.

9.1.2. La formulation des modalités de réponses ou hypothèses contrastées

Les hypothèses sont les différentes modalités de réponse pour une question-clé d'avenir. Elles sont les différentes issues possibles de l'incertitude dans l'avenir (Arcade, 2000). Cette deuxième étape permet de décomposer les questions clés ou incertitude majeures en sous-ensemble. Chaque sous-ensemble doit être défini avec précision et un ensemble exhaustif et mutuellement d'exclusion d'états possibles, ou de valeurs, appartenant à chaque paramètre, doit être décidé.

Adoption du nombre de niveaux de la procédure

Le nombre de niveaux est en lien avec le niveau de désagrégation de la procédure de construction des scénarios. Une procédure à un (1) niveau suppose qu'il y a un seul niveau d'agrégation des hypothèses pour aboutir aux scénarios qui sont d'office les scénarios globaux. La procédure à deux (2) niveaux commande 2 niveaux d'agrégation pour les scénarios. Le premier niveau porte sur les scénarios thématiques qui, agrégés à un deuxième niveau, permettent de construire les scénarios finaux ou globaux. Les scénarios construits à partir d'une approche à deux niveaux sont qualifiés de scénarios composites.

9.1.3. Détermination des profils morphologiques

La quatrième étape implique une analyse approfondie de l'ensemble du champ morphologique afin de réduire la quantité de solutions. L'espace des solutions est donc un sous-ensemble affiné de l'espace des problèmes qui ne contient que des solutions considérées comme cohérentes. La cohérence, dans ce contexte, est évaluée sur la base de deux critères : la première est la cohérence logique, c'est-à-dire que les relations internes des concepts impliqués ne peuvent pas être contradictoires ; la deuxième est la cohérence empirique. Elle suppose qu'une solution ne peut pas reposer sur des hypothèses empiriquement impossibles ou hautement improbables.

9.1.4. Exposés narratifs des scénarios

Dans la cinquième étape, les scénarios construits reçoivent des noms de baptême qui sont révélateurs du contenu ou du message desdits scénarios. À la suite, le profil morphologique qui constitue le squelette du scénario est mis en chaire avec tous les ingrédients du futur issus de la rétrospective. Il s'agit des tendances lourdes, des germes de changement, des invariants, des ruptures possibles, des stratégies d'acteurs, etc. La cohérente et parfaite mise en jeu de ces ingrédients du futur donnera l'histoire du futur, qu'elle soit tendancielle, souhaitée, pessimiste ou alternative.

Figure 8: Étapes de la construction des scénarios par l'analyse morphologique

1- Identification des incertitudes majeures ou Questions-clés pour l'avenir	**Incertitude majeure 1** **Incertitude majeure 2** **Incertitude majeure 3**
2- Situations hypothétiques ou modalités de réponse	**Incertitude majeure 1 (I1)** H1 H2 H3 **Incertitude majeure 2 (I2)** H1 H2 H3 **Incertitude majeure 3 (I3)** H1 H1 H1
3- Combinaisons d'hypothèses ou profils morphologiques	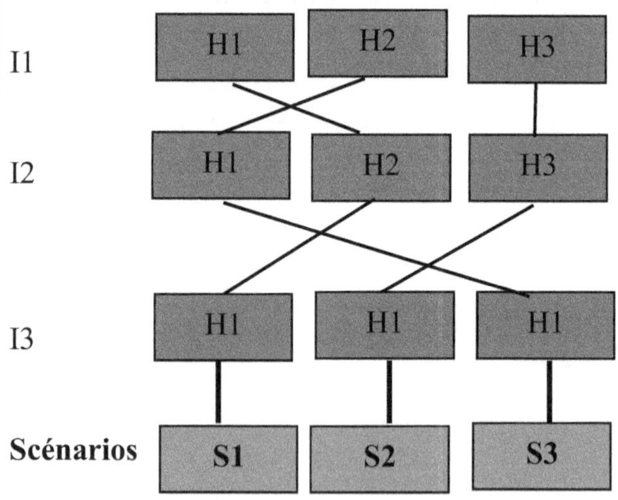

Source : Inspiré de Jacques Arcade, 2000

La construction d'un scénario consiste à dessiner un cheminement particulier dans l'espace morphologique par la sélection d'une configuration spécifique pour chacune des composantes. Le choix des cheminements, parmi le grand nombre des possibles, résulte de l'appréciation de l'analyste ou du groupe de travail sur le degré de cohérence que présentent les différentes combinaisons de configurations. Il est courant que les scénarios sélectionnés soient soumis au jugement d'experts du système étudié, selon des modalités plus ou moins formelles, afin d'en apprécier la cohérence, la vraisemblance et la pertinence.

La cohérence d'un scénario renvoie à la compatibilité des configurations de composantes qui ont été retenues. L'on note cependant que la perception d'une incohérence peut résulter de la non-prise en compte de relations indirectes entre les variables ou de l'incapacité des analystes à envisager une évolution de la nature de la relation entre les variables.

La vraisemblance d'un scénario (le scénario a-t-il une chance raisonnable de se produire ?) s'apprécie en particulier au moyen de l'évaluation (nécessairement subjective) des probabilités élémentaires associées à chacune des configurations de composantes, mais aussi de leurs probabilités conditionnelles.

La pertinence d'un scénario renvoie à sa capacité à faire émerger aux yeux des décideurs de nouvelles représentations du monde, des problématiques nouvelles pouvant déboucher sur des comportements innovants.

9.2. Des scénarios du parc national de Taï à l'horizon 2072

La phase pratique de l'analyse morphologique comprend trois grandes étapes qui sont : l'identification des incertitudes majeures, la formulation des hypothèses et le profil morphologique (Figure 11).

Figure 9 : Espace morphologique des scénarios du parc de Taï à l'horizon 2072

Incertitudes majeures	Hypothèses d'évolution (H)		
Incertitude majeure 1 (I1) : *Contexte socio-politique national, sous-régional et local*	H1 : Un contexte socio-politique national, sous-régional et local dégradé	H2 : Un contexte socio-politique national, sous-régional et local précaire	H2 : Un contexte socio-politique national, sous-régional et local favorable
Incertitude majeure 2 (I1) : *Financement du parc national de Taï*	H1 : Suspension des financements internationaux/ Baisse des subventions	H2 : Financements internationaux conséquents mais incertains/Appuis nationaux	H2 : Maintien Financements internationaux/Autonomisation du financement
Incertitude majeure 3 (I3) : *Niveau d'implication des populations riveraines*	H1 : Désintérêt/désengagement total des populations riveraines	H2 : Relative implication des populations riveraines	H3 : Fort engagement des populations riveraine/ participation accrue des populations riveraines
Incertitude majeure 4 (I4) : *Niveau d'humanisation de la zone riveraine*	H1 : Une zone riveraine surpeuplée et surexploitée	H2 : Une zone riveraine fortement humanisée	H3 : Une zone riveraine modérément humanisée/canalisation de l'humanisation riveraine
Incertitude majeure 5 (I5) : *Efficacité du cadre juridico-institutionnel et opérationnel de gouvernance*	H1 : Un cadre juridico-institutionnel et opérationnel inopérant	H2 : Un cadre juridico-institutionnel et opérationnel efficace	H3 : Un cadre juridico-institutionnel et opérationnel performant et innovant
Scénarios d'évolution	**Scénario pessimiste** Taï, un parc ordinaire	**Scénario tendanciel** Taï, un parc modèle mais en sursis	**Scénario optimiste** Taï, un parc de référence mondiale

La conjonction des hypothèses des 5 incertitudes majeures identifiées a permis de construire 3 scénarios qui sont des images possibles du parc national de Taï à l'horizon 2072. Ces scénarios ne sont pas la réalité, mais une façon de se la représenter. Ainsi trois types d'hypothèses ont été émises pour chaque incertitude. Il s'agit des hypothèses pessimistes, tendancielles et optimistes. La combinaison de celles-ci a donné quatre scénarios présentés dans la section suivante.

9.2.1. Le scénario pessimiste : Taï, un parc ordinaire.

Ce scénario prend en compte les hypothèses suivantes :

- un contexte socio-politique national, sous-régional et local dégradé ;
- une suspension des financements internationaux;
- un désintérêt/désengagement des populations riveraines ;
- une zone riveraine surpeuplée et surexploitée ;
- un cadre juridico-institutionnel et opérationnel inopérant.

Message du scénario

À l'occasion du cinquantenaire de la création du parc de Taï, cette aire protégée est dans un bel état de conservation. Elle figure parmi les parcs les mieux protégés de la Côte d'Ivoire, voire de la région ouest africaine. Le parc bénéficie d'un bon niveau de protection en dépit de la persistance de certains délits comme l'orpaillage et le braconnage illégaux. Cependant, le parc se trouve dans un environnement sous-régional instable en raison de nombreux changements anticonstitutionnels.

Cette situation sous-régionale s'exacerbe au fil des ans et l'Afrique de l'ouest devient une importante zone d'instabilité socio-politique. La paix apparente observée au Libéria durant ces dernières décennies se dégrade et un nouveau conflit y surgit. Cette situation engendre de nouvelles vagues de réfugiés cherchant asile en Côte d'Ivoire. Ces mouvements de population incontrôlés augmentent la pression sur les ressources naturelles, y compris celles du parc national de Taï. Conséquemment, la coopération sous-régionale en matière de conservation devient quasi inexistante en raison des priorités divergentes des gouvernements et de l'instabilité politique récurrente.

À l'échelle nationale, l'accalmie constatée entre 2012 et 2024 est rompue par des remous de nouvelles crises suite aux élections présidentielles de 2025 et les élections locales qui se déroulent entre 2025 et 2030. La Côte d'Ivoire renoue avec le cycle de la violence électorale et politique. Le gouvernement en place, contesté et affaibli, peine à maintenir l'ordre et à gérer les tensions internes. La situation économique, accentuée par des années de corruption et de mauvaise gestion, conduit à une augmentation du chômage et à une pauvreté généralisée. Dans cette situation de précarité, la protection des parcs nationaux n'est pas une priorité, et les ressources allouées à la conservation ont été drastiquement réduites. Ainsi, le personnel local employé pour la gestion et la surveillance du parc fait face à des licenciements massifs. Le manque de fonds entraîne également une diminution de la fréquence des patrouilles anti-braconnage, augmentant ainsi la vulnérabilité des espèces protégées. Les communautés locales, autrefois soutenues par des programmes de développement durable, s'orientent vers des activités de subsistance, telles que l'agriculture, l'orpaillage et l'exploitation forestière illégale dans le parc.

Devant cet environnement socio-politique national délétère et les tensions géopolitiques croissantes, les priorités budgétaires des principaux bailleurs de fonds internationaux changent. Cela se traduit par une réduction significative de leurs contributions financières pour la conservation du parc national de Taï. Cette décision, motivée par des politiques de réorientation des ressources, provoque une crise de gestion du parc. Les Organisations Non Gouvernementales (ONG) qui dépendent des financements internationaux se voient contraintes de baisser leurs opérations ou d'arrêter leurs interventions. Les projets de conservation en cours sont brusquement interrompus, laissant certaines initiatives inachevées.

Au niveau local, les communautés vivant autour du parc sont constamment confrontées à des défis quotidiens. La cessation des financements externes laisse les communautés locales sans les bénéfices économiques et sociaux autrefois offerts par les projets de développement durable. L'intérêt et l'engagement des populations riveraines du parc s'effritent. Cette situation expose davantage le parc national de Taï aux défrichements illégaux pour le bois de chauffage, l'orpaillage et l'agriculture de subsistance, par une population en croissance rapide et des moyens de subsistance de plus en plus précaires.

En effet, face à la paupérisation croissante de ces populations, le parc national de Taï devient la cible de toutes les populations locales et d'ailleurs. L'objectif affiché par ces derniers est la colonisation de portions du parc à défaut de pouvoir s'y installer durablement en raison de son occupation en partie par des hommes armés issus du Libéria. La zone riveraine du parc connait une très forte humanisation. En l'espace de 20 ans, soit à l'horizon 2045-2050, les rives du parc enregistrent la densité de population la plus importante du pays. Au regard de l'inexistence de terres dans le domaine rural, le parc est la seule alternative de ces populations qui ne demandent qu'à exploiter cette réserve naturelle pleine de ressources nécessaires à leur épanouissement socio-économique.

Malheureusement, le parc a désormais des capacités opérationnelles qui sont de moins en moins efficaces devant tous ces enjeux qui appellent à la mobilisation de moyens importants. L'insuffisance des ressources financières de ce parc qui était l'un des plus nantis du pays a une incidence directe sur les capacités opérationnelles des gestionnaires. Cette aire protégée souffre d'un cadre juridico-institutionnel et opérationnel de gouvernance qui est désormais inopérant au regard de toutes les mutations qui se sont opérées dans l'espace Taï. En effet, les lois et régulations en place, conçues des décennies auparavant pour protéger la biodiversité et gérer les ressources naturelles, ne sont plus adaptées aux défis contemporains. La coopération entre les autorités locales, nationales et internationales est quasi inexistante, entraînant une absence de coordination et de vision stratégique. Les mécanismes de surveillance et d'application des lois environnementales sont inefficaces, favorisant l'exploitation illégale des ressources. Cette combinaison de facteurs juridico-institutionnels et opérationnels vulnérabilise davantage le parc dont les limites sont désormais très poreuses. Les gestionnaires ne sont plus craints par les populations et autres délinquants. On entre dans le parc de Taï comme dans tous les parcs auparavant considérés comme protégés de nom.

La forte démographique, combinée aux pratiques agricoles non durables, provoque une déforestation massive et l'épuisement des sols, menaçant la biodiversité locale. La dégradation environnementale perturbe également les écosystèmes aquatiques, entraînant une baisse des ressources halieutiques essentielles à la subsistance des communautés. Ce cycle de surexploitation et de dégradation met en péril l'avenir écologique et socio-économique de la région.

En 2072, la célébration du centenaire du parc de Taï contraste entièrement avec son cinquantenaire. Le parc national de Taï qui était le bel exemple en matière de conservation des aires protégées en 2022, est désormais un parc comme tous les autres. C'est un parc fortement humanisé, dégradé et qui connait une surexploitation tous azimuts de sa biodiversité. Le parc de Taï a perdu son lustre d'antan. Il est dorénavant un parc ordinaire.

9.2.2. Le scénario tendanciel : Taï, un parc modèle, mais en sursis.

Ce scénario prend en compte les hypothèses d'évolution suivantes :

- un contexte socio-politique national, sous-régional et local précaire ;
- des financements internationaux conséquents/ Appuis nationaux ;
- une relative implication des populations riveraines ;
- une zone riveraine fortement humanisée ;
- un cadre juridico-institutionnel et opérationnel efficace.

Message du scénario

Le parc de Taï est la fierté de l'Office Ivoirine des Parcs et Réserves en 2022. Il est un modèle de protection et de conservation dans un environnement national où l'intégrité des parcs et réserves a été entamée. Cependant, le parc doit faire face à de nombreux défis qui se posent en termes de contexte socio politique sous régional, de financement, d'implication des populations riveraines, d'humanisation de la zone périphérique et du cadre juridico-institutionnel et opérationnel.

Les pays limitrophes de la Côte d'Ivoire notamment sur son flanc ouest ne rassurent pas. C'est le cas du Libéria et de la Guinée. Si le premier connait une relative paix depuis quelques décennies, les germes des conflits n'ont pas pour autant disparu. D'ailleurs, entre 2035 et 2045, il renoue avec les violences politiques à la faveur des élections présidentielles de 2035. Le pays connait à nouveau la déstabilisation. La situation de la Guinée à l'aube de l'année 2025 ne s'est guère améliorée durant les années qui ont suivi. Ce pays, abonné aux coups d'État, n'a pas rompu avec cette tradition. Le pays n'inspire point, car les changements anticonstitutionnels se succèdent dans ce pays durant les décennies d'après. Les initiatives de coopération sous régionale entamées connaissent des ruptures ou des retards en raison des crises régulières dans la sous-région.

À l'échelle nationale, la Côte d'Ivoire connait une période de stabilité qui se consolide au fil des ans. Mais, les joutes électorales sont toujours accompagnées de turbulences qui avertissent sur la fragilité de la situation qui peut se dégrader à tout moment. Le pays n'est pas durablement à l'abri d'une nouvelle rupture socio-politique. Les discours des acteurs politiques, à l'approche des élections, sont des signes annonciateurs d'une possible résurgence de violences politiques.

Cet environnement sous régional fait de troubles, arrimé à un contexte national précaire, ne freine pas l'élan des partenaires internationaux qui continuent d'investir dans la conservation du parc. Les institutions internationales sont de plus en plus nombreuses aux côtés des gestionnaires. Les autorités nationales prennent conscience de l'importance du parc et de la nécessité de s'impliquer un peu plus dans le financement de sa conservation. Les budgets nationaux alloués vont crescendo, et ce, au grand bonheur des gestionnaires.

Profitant de la confiance des partenaires internationaux qui accroissent leurs financements pour la conservation du parc, plusieurs programmes de développement riverains sont mis en place au profit des populations. Ces programmes vont des mesures riveraines à la construction des infrastructures de base pour améliorer les conditions de vie des populations. Celles-ci sont de plus en plus impliquées dans la conservation aux côtés des gestionnaires, entre autres, en tant guides touristiques dans les villages et dans le parc. Cependant, le manque d'encadrement technique de ces projets et la faiblesse des revenus tirés des projets riverains, comparativement aux activités illégales dans le parc, atténuent au fil des ans le niveau d'implication des populations. Les objectifs de la conservation sont de moins en moins appropriés par les populations riveraines.

Par ailleurs, la zone environnante du parc connait une humanisation assez élevée. Face à l'amenuisement des terres, le parc est de plus en plus exposé par cette population croissante. La situation dans la sous-région qui n'est pas rassurante est source d'une immigration vers les zones du parc, bien que l'effectif soit encore supportable. Mais, à terme, cette migration pourrait accentuer le rapport démo-foncier dans la zone riveraine du parc. Dans cet environnement déjà menaçant, des projets de création de nouvelles communes à proximité du parc sont de plus en plus à l'ordre du jour. Si elles peuvent apporter de la création de richesses, il faut craindre que ces nouvelles communes rompent le fébrile équilibre écologique existant dans la zone.

À ce stade, ces vulnérabilités ne sont pas de véritables obstacles devant les gestionnaires, car bénéficiant d'un cadre juridico-institutionnel et opérationnel encore efficace. Grâce à une gouvernance participative et anticipatrice, les gestionnaires reçoivent l'appui des autorités déconcentrées et décentralisées de l'Espace Taï dans l'application des lois et règlements du parc. Ces dispositions sont régulièrement évaluées et adaptées pour tenir compte des évolutions en la matière. Les gestionnaires sont constamment formés aux innovations technologiques dans le domaine de la conservation des parcs. Les importantes ressources financières obtenues des partenaires internationaux et de l'État permettent aux gestionnaires de se doter en équipements de pointe pour protéger le parc. Les capacités opérationnelles du parc sont largement au-dessus de la moyenne exigée en la matière. Le parc préserve son intégrité acquise depuis les années 2000 et la consolide au fil des ans.

Le système de gouvernance mis en place au parc national de Taï donne des résultats satisfaisants. Le parc bénéficie d'un niveau de protection largement au-dessus de la moyenne nationale observée dans les parcs du pays. Cependant, comme une épée de Damoclès, de nombreuses incertitudes planent sur la stratégie de conservation du parc au regard des mutations en cours ou en vue dans l'environnement sous régional, national et local. Les financements sont souvent incertains et les populations riveraines s'approprient de moins en moins les objectifs de la conservation. À l'horizon 2072, le parc national de Taï préserve son statut d'aire protégée modèle, mais qui est en sursis.

9.2.4. Le Scénario optimiste : Taï, un parc de référence mondiale.

Ce scénario prend en compte les hypothèses ci-après :

- un contexte socio-politique national, sous-régional et local favorable ;
- un maintien des financements internationaux/Autonomisation du financement ;
- un fort engagement des populations riveraines/ participation accrue des populations riveraines ;
- une zone riveraine modérément humanisée/ Canalisation de l'humanisation riveraine ;
- un cadre juridico-institutionnel et opérationnel performant et innovant.

En 2022, le parc de Taï est un parc modèle en Côte d'Ivoire et en Afrique de l'Ouest. Certes, il connait des infiltrations, mais qui sont généralement contenues par les gestionnaires. Ces derniers sont très attentifs dans un environnement sous régional précaire au regard de la fragilité de la situation au Libéria et de l'instabilité observée en Guinée. L'Ouest de la Côte d'Ivoire, où se trouve le parc, est connu pour la gravité des violences qui y prévalent en situation de crise nationale.

Cependant, durant la décennie 2025-2035, l'environnement socio-politique sous-régional s'améliore nettement. Les pays connaissent moins de changements anticonstitutionnels ; ce qui stabilise la situation socio-politique dans la sous-région. La coopération entre les pays voisins s'est intensifiée grâce à des accords environnementaux qui favorisent la protection des écosystèmes transfrontaliers. Les efforts conjoints de surveillance et de lutte contre les activités illégales ont renforcé les réseaux écologiques entre les nations. Cette collaboration sous-régionale est soutenue par des organisations internationales et des bailleurs de fonds qui considèrent cette région comme un exemple de gestion environnementale efficace.

À l'échelle nationale, la Côte d'Ivoire connaît une période de stabilité politique et économique, avec des gouvernements successifs engagés à promouvoir l'alternance démocratique et des politiques environnementales progressistes. Des réformes législatives renforcent la protection des aires protégées, et des fonds publics substantiels sont alloués à la conservation des parcs et réserves au regard de leurs contributions à l'amélioration des conditions agro-climatiques. Ce contexte socio-politique harmonieux et collaboratif a permis de restaurer et de préserver la riche biodiversité du parc national de Taï, faisant de cette région un symbole de réussite en matière de conservation et un phare d'espoir pour d'autres efforts environnementaux à travers le monde.

Cet environnement socio-politique national et sous régional encourage les partenaires internationaux à s'investir davantage dans la conservation de ce patrimoine mondial. Ainsi, le parc bénéficie d'un financement continu et s'accroissant, garantissant la préservation de sa biodiversité exceptionnelle et le développement durable de ses communautés riveraines. Ce succès résulte d'une stratégie de financement diversifiée, combinant les contributions de l'État ivoirien, des partenariats public-privé, des subventions internationales et des revenus générés par des initiatives locales telles que l'écotourisme et la valorisation des produits forestiers non ligneux. Tous ces fonds permettent de financer des projets de recherche, des programmes éducatifs et des initiatives de restauration écologique.

Les nombreux projets en faveur des populations riveraines accroissent leur niveau d'implication dans la conservation du parc. Grâce à des programmes d'éducation et de sensibilisation réussis, les habitants sont devenus des protecteurs actifs de la biodiversité du parc national de Taï. Les initiatives de développement durable, telles que l'agroforesterie, l'écotourisme et les microentreprises locales, apportent des bénéfices économiques tangibles, réduisant la pression sur les ressources naturelles et améliorant la qualité de vie. Les populations riveraines sont ainsi activement impliquées dans la gestion des ressources, bénéficiant directement des profits et participant aux décisions de gouvernance.

Conscients que le maintien de cet équilibre écologique est lié au niveau d'humanisation de la zone riveraine, des efforts sont faits pour canaliser la croissance de la démographie. Des campagnes de sensibilisation au planning familial se succèdent dans la zone riveraine. Ces opérations sont relayées sur les radios locales qui ceinturent le parc. Les résultats s'observent les années à venir avec un taux de fécondité qui est largement en dessous de la moyenne nationale. Par ailleurs, les effets négatifs des projets de création de nouvelles communes dans la zone riveraine sont mis en avant par les gestionnaires et les membres des structures de concertation du parc. Au final, ces projets sont supprimés au grand bonheur des gestionnaires et des populations riveraines. Les efforts continus de développement réalisés dans les régions économiques contiguës au parc ont permis de créer de nombreux emplois qui réduisent notablement le taux de chômage des jeunes et des femmes dans la zone. Une grande partie des jeunes installés dans les villages riverains du parc migrent vers les grandes villes de la zone comme Soubré et San Pedro. Les villes de Buyo, Méagui, Guiglo qui ont gagné en importance économique sont désormais, des villes relais qui offrent de nombreuses opportunités aux jeunes et aux femmes de l'Espace Taï.

Ainsi, les gestionnaires qui bénéficient d'un cadre juridico-institutionnel et opérationnel performant et innovant accomplissent avec beaucoup d'aisance leurs missions de protection et d'aménagement du parc. En effet, les institutions de gestion du parc bénéficient d'importants moyens financiers, techniques et logistiques. Les technologies avancées de surveillance et de gestion des ressources acquises permettent une protection efficace des habitats critiques et des espèces menacées. Les partenariats public-privé dynamisent davantage les efforts de conservation, attirant des investissements et des innovations. Cette politique est soutenue par des législations robustes et une administration transparente qui assure une utilisation efficace des ressources. Les délits sont quasi-inexistants dans le parc. Les moindres espaces qui avaient été anthropisés ont tous été restaurés.

Ainsi, à l'horizon 2072, le parc national de Taï a accru son niveau de protection. Son intégrité physique est totalement conquise. Les populations riveraines y jouent un rôle crucial, car elles sont au cœur de la stratégie de protection du parc. Elles se sont approprié les objectifs de la conservation à tel point qu'elles constituent le premier cordon de protection du parc et n'hésitent pas à dénoncer les visiteurs qui semblent malveillants. Le parc est une destination privilégiée chez les plus grands opérateurs de tourisme dans le monde. Le volume de visiteurs s'accroît au fur et à mesure et le parc de Taï se retrouve dans le peloton de tête des aires protégées les plus visitées d'Afrique. Le parc est reconnu internationalement comme un exemple de réussite en matière de gouvernance environnementale, inspirant d'autres régions à adopter des approches similaires pour la conservation et le développement durable. Au centenaire du parc, en 2072, Taï se positionne comme une référence mondiale en matière de conservation des parcs.

Conclusion du chapitre 9

Les trois scénarios du parc national de Taï qui sont des images possibles du parc à l'horizon 2072 indiquent que cette aire protégée a une importante marge de manœuvre pour la conservation de son intégrité. Ce parc, riche en biodiversité et en ressources naturelles, représente un véritable trésor écologique.

En effet, le scénario tendanciel offre encore d'immenses capacités de conservation du contenu écosystémique du parc. Cela signifie que malgré les défis actuels, le parc national de Taï possède les moyens nécessaires pour maintenir son équilibre écologique. Cependant, le parc devra faire face à ces incertitudes et veiller à leur non-réalisation pour ne pas mettre à mal les efforts de conservations réalisés depuis des lustres.

Quant au scénario pessimiste, qui est alarmant, il est rédigé dans le but d'interpeller les acteurs de ce système sur l'une des directions que le parc pourrait prendre si les gestionnaires n'adoptaient pas les mesures appropriées. Ce scénario est une mise en garde contre les dangers de l'inaction et souligne l'importance d'une gestion proactive et vigilante. Si les responsables du parc se reposaient sur leurs lauriers, ils risqueraient de compromettre définitivement l'avenir de cette aire protégée exceptionnelle.

En revanche, le parc de Taï a de beaux jours devant lui s'il s'inscrivait dans le schéma du scénario souhaité. C'est un futur possible du parc qui traduit la nécessité de poursuivre les efforts tout en opérant des ruptures nécessaires pour inverser certaines tendances qui s'alourdissent au fil des ans comme la dépendance du financement extérieur du parc. Il est crucial que les gestionnaires, les chercheurs, les écologistes et tous les acteurs impliqués se mobilisent pour protéger et préserver ce patrimoine naturel. Le parc national de Taï, avec ses richesses naturelles et sa diversité biologique, mérite une attention constante et des efforts soutenus pour assurer sa pérennité pour les générations futures et devenir cette référence mondiale en matière de conservation de la nature.

Chapitre 10
L'Agenda 2072 du parc national de Taï

Introduction

Le parc national de Taï représente l'un des derniers bastions de la forêt tropicale primaire en Afrique de l'Ouest. Classé au patrimoine mondial de l'UNESCO, ce joyau écologique accueille une faune et une flore d'une richesse exceptionnelle, comprenant des espèces emblématiques. L'exercice de prospective conduit dans cette troisième partie a débouché sur trois (3) scénarios qui sont des futurs possibles du parc à l'échéance du second cinquantenaire du parc de Taï. De ces images possibles, le parc national de Taï pourrait se positionner comme une référence mondiale en matière de conservation des aires protégées. L'atteinte de cette ambition appelle des orientations stratégiques qui font l'objet de ce chapitre.

Ainsi, ce chapitre fait ressortir, dans un premier temps, les facteurs de succès du parc durant le premier cinquantenaire, et dans un second temps, des pistes d'actions qui sont nécessaires dans ce second cinquantenaire pour garantir la concrétisation de ce futur souhaité du parc à l'horizon 2072. Cette feuille de route est l'Agenda 2072 du parc national de Taï.

10.1. Les facteurs du succès passé du parc national de Taï

L'analyse de la rétrospective montre que le succès du parc national de Taï durant les 50 premières années de sa création est le résultat de la combinaison d'un certain nombre de facteurs qui méritent d'être préservés et maintenus dans le système de gouvernance de cette aire protégée pour les 50 années à venir.

10.1.1. Une volonté politique nationale bien affichée

Le gouvernement ivoirien a intégré la conservation du parc national de Taï dans ses priorités de développement national. L'un des aspects les plus marquants de cet engagement est l'allocation de ressources budgétaires significatives à la protection et à la gestion de ce parc. Ces ressources permettent ainsi de financer des initiatives variées, allant de la recherche scientifique à la formation des acteurs principaux. Elles assurent une protection efficace de la biodiversité du parc. Elles sont également utilisées pour mettre en œuvre des programmes de conservation ambitieux. Parmi ceux-ci, l'on trouve des initiatives de restauration des habitats dégradés, des programmes de réintroduction d'espèces menacées et des projets de recherche sur la biodiversité. Ces programmes sont conçus pour maintenir et renforcer l'intégrité écologique du parc, tout en contribuant à la connaissance scientifique globale des écosystèmes tropicaux.

Pour soutenir cet engagement, le gouvernement a mis en place un cadre législatif et réglementaire efficace. Des lois strictes sont adoptées pour encadrer sa gestion. Elles incluent des sanctions appropriées pour les infractions telles que le braconnage, l'orpaillage et les défrichements. Ces mesures visent à dissuader les activités destructrices et à promouvoir des pratiques durables.

10.1.2. Des partenariats financiers et techniques diversifiés

L'un des facteurs de succès du parc entre 1993 et 2022 que nous pouvons aisément appeler « les trente glorieuses du parc de Taï », est la diversification des partenariats au service du parc. Ce sont, entre autres, des institutions ou organisations internationales, des universités publiques nationales et internationales, des structures privées, etc. Le chef de file de ces partenaires est la Coopération Allemande, la GIZ, qui est au cœur de la politique de conservation du parc depuis le Projet Autonome de Conservation du Parc National de Taï (PACPNT) en 1993. Ses appuis multiformes ont fortement contribué à l'état actuel de conservation du parc national de Taï. Au fil du temps, ces partenariats se sont consolidés.

En travaillant avec ces organisations non gouvernementales, institutions de recherche et donateurs internationaux, la Côte d'Ivoire a pu mobiliser des ressources supplémentaires importantes et bénéficier d'expertises variées pour la conservation du parc. Ces collaborations ont permis de renforcer les capacités locales et de mettre en œuvre des projets de conservation à grande échelle. Ces partenariats ont favorisé le partage de connaissances et la coordination des actions. Ainsi, grâce à ces nombreux partenaires, des financements internationaux et nationaux significatifs sont disponibles et mettent le parc national de

Taï à l'abri des ruptures de ressources auxquels plusieurs parcs ont été habitués.

10.1.3. Un système de gestion efficace

Sur le plan stratégique, les gestionnaires ont rompu avec la navigation à vue en se dotant d'un Plan d'Aménagement et de Gestion qui oriente la planification stratégique sur le court et moyen terme. Ces plans auxquels les gestionnaires et autres acteurs concernés par le parc, sont désormais familiarisés, intègrent la conservation de la biodiversité, la restauration des écosystèmes dégradés, le développement riverain, la promotion de pratiques durables. Ces plans sont basés sur des données scientifiques et incluent des objectifs clairs, des indicateurs de performance et des mécanismes de suivi. De façon pratique, des zones de conservation prioritaires sont identifiées et protégées. Il s'agit des zones critiques pour la biodiversité et les écosystèmes vulnérables. Des systèmes de monitoring sont mis en place pour le suivi et l'évaluation de l'état de la biodiversité, la santé des écosystèmes et l'impact des actions de conservation. Par ailleurs, les résultats des actions sont utilisés pour améliorer les pratiques de conservation. L'apprentissage continu et l'ajustement des politiques permettent d'améliorer le système de gestion du parc.

10.1.4. Une implication de la communauté dans la stratégie de conservation du parc

La conservation du parc national de Taï repose non seulement sur des mesures de protection écologique, mais aussi sur une gouvernance efficace qui intègre les communautés locales dans le processus décisionnel. La gouvernance participative est donc essentielle pour assurer que les stratégies de conservation soient durables et bénéfiques à la fois à l'environnement et aux populations locales. Après le PACPNT dont la mission principale était d'aboutir à une conservation durable du parc avec l'appui des populations riveraines, l'OIPR a poursuivi cette approche avec les Associations Villageoises de Conservation et de Développement (AVCD) et le Comité de Gestion Local (CGL) qui sont des cadres formels d'implication des populations et autres acteurs dans le système de gouvernance du parc de Taï. Cette gestion inclusive contribue à la co-construction des stratégies de gestion du parc. Cette collaboration participe à restaurer la confiance et à améliorer les rapports entre les gestionnaires et les populations riverains notamment. La gestion participative impliquant les populations riveraines voire les acteurs concernés par le parc a été l'une des clés du succès du parc de Taï durant ces trente dernières années.

10.1.5. Un renforcement de la collaboration entre les gestionnaires et les autorités décentralisées et déconcentrées

Le renforcement de la collaboration entre les gestionnaires du parc national de Taï et les autorités décentralisées et déconcentrées est crucial pour une gestion efficace et durable de cette aire protégée. Elle traduit la nécessaire conjugaison des normes officielles et des normes pratiques pour une gouvernance réussie. Un principe qui a été bien appliqué par les gestionnaires du parc de Taï qui, depuis le PACPNT, ont veillé à améliorer leurs rapports avec les autorités déconcentrées notamment les autorités judiciaires. Ce lobbying réussi auprès de ces acteurs a contribué à faire de ceux-ci des « complices » dans la gestion des dossiers judiciaires du parc. Il s'est ensuivi une plus grande application des textes relatifs au parc, ce qui a eu pour effet de condamner de nombreux délinquants et, par ricochet, de réduire le taux de récidivisme dans le parc. Cette coopération étroite a permis de synchroniser les efforts de conservation à différents niveaux administratifs, assurant ainsi une meilleure coordination des actions et une utilisation optimale des ressources disponibles. Ainsi, les autorités locales, souvent plus proches des réalités et des besoins des communautés riveraines, jouent un rôle clé dans la sensibilisation et l'implication des populations locales dans les initiatives de conservation. Parallèlement, les gestionnaires du parc bénéficient du soutien institutionnel et logistique des autorités déconcentrées pour la mise en œuvre des réglementations et des programmes de protection. Cette synergie améliore la capacité de réponse aux menaces environnementales, facilite l'application des lois et renforce la légitimité des actions des entreprises.

10.1.6. Une promotion du développement riverain

Pour promouvoir la conservation du parc, il a été nécessaire de mettre en place des programmes de développement économique qui offrent des alternatives aux activités destructrices comme l'agriculture sur brûlis, la chasse illégale et l'orpaillage illégal dans le parc. Ainsi, à la faveur du PACNT, une Division de Gestion Durable des Ressources Naturelles a été mise en place dont la mission était de promouvoir le développement riverain à travers des projets d'amélioration des revenus des populations de la zone périphérique. De concert avec les populations, de nombreux projets ont été mis en place tels que la pisciculture, l'aulacodiculture, l'aviculture, l'héliciculture, l'hévéaculture, l'installation de salons de couture, etc. Même s'il faut déplorer le taux d'échec important de ces projets, il faut reconnaitre que ceux d'entre eux qui ont été fonctionnels jusqu'à terme, ont permis de bonifier relativement les conditions de vie des bénéficiaires. Ces initiatives ont fourni des revenus stables aux populations tout en préservant les écosystèmes. En outre, l'amélioration des conditions de vie passe également par l'accès aux services de base tels que l'éducation, la santé et l'eau potable. L'établissement de centres de santé, d'écoles et de points d'eau potable dans les communautés environnantes a permis de réduire la dépendance vis-à-vis des ressources du parc. Plus tard, avec l'OIPR, un Service des Mesures riveraines a été créé pour poursuivre ce processus qui est un pilier important de la stratégie de conservation du parc. Au regard de la richesse des ressources naturelles profitables aux populations qui sont dans le parc, le faible niveau d'intrusion des populations riveraines dans le parc est lié à la mise en place de ces projets qui contribuent un tant soit peu à montrer aux communautés l'importance de la protection de ce joyau écologique.

10.1.7. Une stratégie de communication et d'éducation environnementale payante

La Communication et l'Éducation environnementale sont des facteurs importants de la réussite de la stratégie de conservation du parc. Elles étaient nécessaires pour faciliter l'appropriation des objectifs de conservation par des populations majoritairement peu ou pas instruites. Des activités d'Information et de Communication sur les bienfaits du parc et sur la nécessité de protéger des espèces emblématiques du parc comme le Chimpanzé ont été conduites dans les villages installés à proximité du parc ou reconnus comme de potentiels destructeurs du parc. Cette mission a reçu un important soutien de plusieurs ONG locales et du Wild Chimpanzee Foundation (WCF) qui militait pour la protection des Chimpanzés. Des séances de sensibilisation à travers la présentation de pièces théâtrales dans les villages riverains et la confection des bandes dessinées ont été au cœur de la stratégie de cette Organisation internationale. En outre, des programmes de sensibilisation sur le parc étaient continuellement relayés sur les ondes des radios locales jouxtant le parc national de Taï à l'effet de toucher un public plus large. En outre, pour appuyer ces mesures, un programme d'éducation environnementale a été mis en place, avec l'accord et l'appui technique de la Direction Régionale de l'Éducation Nationale de Soubré, dans les écoles ceinturant le parc dans le but d'inculquer la culture de protection du parc aux élèves, dès leur plus jeune âge. Cette action visait à préparer le changement pour éviter, plus tard, la gestion des urgences. En outre, des initiatives telles que les clubs écologiques scolaires, les journées de nettoyage communautaire et les campagnes de plantation d'arbres ont contribué à l'éducation et à l'engagement des jeunes et des adultes dans la conservation. Toutes ces activités ont eu un effet positif sur la protection du parc, car une bonne partie de la population des régions environnantes avait une meilleure connaissance du par cet de ses bienfaits aux plans local, national et mondial.

10.1.8. Un parc visible sur les plans national et international

Depuis 1978 et 1982, le parc national de Taï est respectivement une Réserve de la Biosphère et un Bien mondial de l'humanité. À ce titre, le parc sort du patrimoine exclusif de la Côte d'Ivoire pour être un bien commun mondial. Cette responsabilité très tôt acquise explique le fort intérêt des partenaires internationaux de tous genres qui, depuis la fin des années 80, ont couru au chevet du parc au regard de sa dégradation qui s'observait. Les appuis financiers et techniques qui ont suivi, à partir de 1993, avec le Projet Autonome pour la Conservation du Parc National de Taï (PACPNT) ont permis au parc de restaurer ses espaces dégradés et de mettre en place une stratégie de gestion participative qui va faire école en Côte d'Ivoire. Ces partenariats diversifiés et les succès engrangés au niveau de la conservation du parc ont poussé les gestionnaires à être, désormais, plus visibles sur la scène nationale et internationale. Ainsi, le parc était présent à tous les grands salons organisés en Côte d'Ivoire et dans le monde. Ce sont de belles occasions exploitées par les gestionnaires pour vendre les réussites du parc et explorer de nouveaux partenariats techniques et financiers. Cette stratégie a été payante, car le parc est le parc ivoirien le mieux connu à l'échelle internationale avec sa participation aux plus grands salons de tourisme dans le monde.

10.2. Des pistes d'actions pour orienter la planification stratégique du parc à l'horizon 2072

Le parc national de Taï est, à l'heure actuelle, dans un bel état qui fait pâlir d'autres parcs de Côte d'Ivoire et de la sous-région. Cependant, l'avenir étant du domaine de l'incertitude, les acquis d'aujourd'hui pourraient être remis en cause si rien n'est fait pour les préserver, voire les renforcer. Les exemples de parc ayant perdu leurs spécificités et n'existant aujourd'hui que de nom sont légion en Côte d'Ivoire, en Afrique et dans le monde. Faire de Taï, un parc de référence mondiale en matière de conservation et de stratégie participative relève de la proactivité, du volontarisme et de l'action. Les orientations stratégiques qui suivent devront aider les décideurs publics nationaux, les gestionnaires et les partenaires techniques et financiers du parc à mieux orienter leurs actions pour un développement souhaité du parc de Taï à l'horizon 2072.

10.2.1. Préserver le climat de paix dans la sous-région et en Côte d'Ivoire

La stabilité nationale joue un rôle fondamental dans la conservation du parc national de Taï. Un environnement politique et économique stable permet au gouvernement et aux organisations locales de planifier et de mettre en œuvre des stratégies de conservation à long terme. Une gouvernance efficace, caractérisée par la transparence et l'application rigoureuse des lois environnementales, est essentielle pour protéger les ressources naturelles du parc. La stabilité favorise également la collaboration entre les autorités locales, les communautés et les partenaires internationaux, garantissant que les efforts de conservation bénéficient d'un soutien continu et coordonné. De plus, un contexte national stable permet de mobiliser des ressources financières adéquates, attirant des investissements pour les projets de conservation et facilitant l'accès aux financements internationaux. Pour y parvenir, il faudra préserver le climat de paix à travers un dialogue constant des acteurs politiques et l'encouragement à l'alternance politique lors des joutes électorales.

La stabilité sous-régionale est également cruciale pour la conservation du parc national de Taï, qui se situe à proximité de frontières internationales et de régions écologiquement interconnectées. La stabilité sous-régionale facilite également la coordination des actions de surveillance et de patrouille, améliorant ainsi l'efficacité des mesures de protection. Par ailleurs, la paix et la sécurité dans la région encouragent les investissements internationaux dans les projets de conservation et d'écotourisme, apportant des bénéfices économiques aux communautés locales et renforçant leur engagement envers la préservation du parc. Dans ce sens, la coopération entre les pays voisins est indispensable pour lutter contre les menaces transfrontalières telles que le braconnage, le trafic d'espèces sauvages, la déforestation illégale et l'orpaillage clandestin. Des accords de conservation transfrontaliers et des initiatives régionales peuvent renforcer les efforts de protection en harmonisant les politiques et en partageant les ressources et les informations.

10.2.2. Accorder une place stratégique au parc de Taï dans les documents de planification nationale du développement

La planification du développement en Côte d'Ivoire repose sur des documents stratégiques tels que l'Étude Nationale Prospective et le Plan National de Développement. Au regard de l'importance du parc national de Taï dans la stratégique de développement national en raison des avantages écologiques et économiques liés à la présence de ce massif forestier, il serait cohérent que ces documents d'orientation du développement et de discussion avec les partenaires financiers internationaux accordent une place de choix à la conservation de ce patrimoine naturel important pour le pays, la sous-région et le monde. Une telle disposition traduira la volonté des autorités nationales de garantir la conservation du parc de Taï et sera considérée comme une instruction donnée aux acteurs sectoriels de veiller à la mise en œuvre parfaite de cette décision gouvernementale. Préserver le premier rang mondial de producteur de cacao dépendra de la place accordée à la conservation intégrale du parc de Taï dans les politiques nationales de développement. En effet, le parc est situé à cheval sur les Districts Autonomes qui se disputent la première place de producteur national de cacao. Cette présence du plus grand massif forestier de l'Afrique de l'Ouest favorise des conditions agro-climatiques qui améliorent énormément la production de cacao dans la zone.

10.2.3. Améliorer régulièrement le système de gouvernance du parc national de Taï

Le parc de Taï s'est illustré durant les trente glorieuses par un système de gouvernance efficace qui a réussi à juguler les plus grands défis de développement de cette aire protégée, à savoir l'exploitation agricole, le braconnage, l'orpaillage illégal, les conflits entre les gestionnaires et les populations riveraines, etc. Si la plupart de ces délits sont, à un moindre niveau, encore d'actualité dans le parc, ils ne sont plus des obstacles majeurs à sa conservation. En effet, le système de gouvernance mis en place, s'appuyant sur un cadre juridico-institutionnel et opérationnel, a réussi à réduire notablement ces délits voire les annihiler. L'atteinte des objectifs de conservation durant les 50 prochaines années passera par ce système de gouvernance qui devra faire régulièrement sa mue pour s'adapter aux mutations sociales, juridiques, économiques, environnementales et techniques du moment. Ce système de gouvernance devra être innovant pour maintenir le statut chèrement acquis de parc modèle. Les lois et règlements devront s'adapter à l'environnement et s'appliquer rigoureusement avec l'appui de tous les partenaires impliqués dans le processus de décision comme les autorités préfectorales et judiciaires. Les ressources humaines devront, elles aussi, bénéficier d'une formation continue afin d'être au goût du jour en matière de maîtrise des outils et techniques de gestion administrative, de protection de la faune et de la flore, etc.

Dans ce sens, la mise en place d'un système de surveillance environnementale basé sur des technologies modernes, telles que les drones, les capteurs et les systèmes d'information géographique (SIG), pourrait transformer radicalement la gestion du parc national de Taï. Les drones, équipés de caméras haute résolution, survolant régulièrement le parc pour capturer des images détaillées et en temps réel, permettront de détecter rapidement les activités illégales comme le braconnage ou la déforestation. Les capteurs, placés dans différentes zones, collecteront des données environnementales cruciales, telles que la qualité de l'air et de l'eau, les niveaux de bruit et les variations climatiques stratégiques. Ces données seront ensuite intégrées et analysées à l'aide de SIG, fournissant une cartographie précise et dynamique de l'état de l'écosystème du parc. Cette surveillance avancée facilitera une réponse rapide et ciblée aux menaces, améliorera la planification des actions de conservation et soutiendra la recherche scientifique.

Tout ce système mis en place devra faire l'objet d'audits indépendants pour évaluer la conformité aux régulations et l'efficacité des opérations. *In fine*, il permettra de faire des révisions périodiques des politiques et des plans de gestion pour intégrer les leçons apprises et les nouvelles connaissances scientifiques.

10.2.4. Accélérer la croissance et promouvoir un développement inclusif dans les régions environnantes du parc

La Côte d'Ivoire est inscrite en lettre d'or comme l'un des pays ayant connu le fort taux de déforestation. En conséquence, le domaine forestier rural est quasiment vide ; ce qui fait peser des menaces sur les seules aires protégées qui constituent les derniers vestiges des écosystèmes en voie de disparition.

Dans ce réseau d'aires protégées, le parc national de Taï se présente comme le plus grand massif forestier encore intact dans le pays. Il cristallise les convoitises des populations et il ne doit son salut qu'à l'efficacité de son système de gouvernance qui a réussi à la préserver durant ces 50 années d'existence. Cependant, dans un pays à dominance agricole où les forêts sont en voie de disparition, avec un niveau de pauvreté des populations encore toujours élevé, cet équilibre écologique pourrait être rompu dans l'avenir si ces tendances socio-économiques se poursuivaient. Le parc de Taï ne pourra pas durablement être cette oasis dans le désert.

Pour préserver l'intégrité du parc dans le long terme, il faudra veiller à une nette amélioration des conditions de vie des populations vivant les régions environnantes du parc de Taï. Dans le cadre de la mise en œuvre des Plans Nationaux de Développement et des actions de décentralisation, il faudra faire des investissements importants dans ces collectivités territoriales afin de créer de nombreux emplois qui pourront absorber des milliers de jeunes en quête d'emplois dans cette zone et éviter de cristalliser leurs colères sur le parc. Un développement inclusif, profitable à tous, sera la clé pour garantir une conservation à long terme du parc de Taï.

10.2.5. Mieux accompagner les populations riveraines dans la réalisation des projets riverains

Le développement riverain a été une innovation du PACPNT qui témoigne de l'importance de cette stratégie dans la politique de conservation du parc national de Taï. Les nombreux projets socio-économiques et de construction d'infrastructures et d'équipements ont contribué à l'amélioration des conditions de vie des populations. Cependant, le taux d'échec élevé nécessite qu'une réponse plus appropriée soit apportée à cette stratégie durant le prochain cinquantenaire du parc de Taï afin de lui donner tout le poids nécessaire.

Pour faire face à ce défi, il faudra allier un meilleur encadrement technique des projets à la formation et au renforcement des capacités des populations. De façon récurrente, lors de nos recherches, des acteurs techniques tels que l'ANADER avaient justifié les échecs observés au niveau des projets par leur non-implication dans le processus d'encadrement des bénéficiaires. Si la situation s'est améliorée dans le temps, il faudra veiller d'une part, à impliquer les populations dans la sélection des activités génératrices de revenus et d'autre part, à mieux les accompagner techniquement pour garantir un plus grand succès des projets riverains.

En outre, la formation et le renforcement des capacités des communautés locales sont des éléments essentiels pour assurer une gestion durable et efficace des projets riverains voire de cette aire protégée. Ces initiatives visent à doter les membres des communautés riveraines des connaissances et compétences nécessaires pour participer activement à la préservation de la biodiversité. Outre les modules de formation sur la gestion administrative, financière et technique des projets de développement socio-économiques, des programmes de formation doivent être organisés pour enseigner des pratiques de surveillance de la faune, la gestion des ressources naturelles, et la résolution des conflits homme-faune. De plus, des ateliers sur les législations environnementales et les techniques de reforestation permettraient aux participants de mieux comprendre les cadres juridiques et les méthodes pratiques pour protéger le parc. En renforçant les capacités locales, ces programmes renforcent un engagement accumulé des communautés locales, les transformant en acteurs clés de la conservation, capables de contribuer de manière autonome et proactive à la protection du parc national.

Les communautés riveraines, souvent dépendantes de l'agriculture pour leur subsistance, peuvent aussi bénéficier de techniques innovantes telles que l'agroforesterie et l'agriculture biologique. Ces méthodes permettent d'augmenter la productivité tout en préservant les sols et en particulier la déforestation. Des formations pratiques et théoriques, accompagnées d'un soutien technique continu, permettent aux agriculteurs d'adopter ces nouvelles techniques.

Le développement de compétences en écotourisme représente également une opportunité majeure pour les populations riveraines du parc national de Taï. En formant les habitants à devenir des guides touristiques, des gestionnaires de gîtes ou des artisans, on crée des sources de revenus alternatives qui valorisent la biodiversité locale. Les programmes de formation en écotourisme comprennent des cours sur la gestion hôtelière, le service client, l'interprétation de la nature et la commercialisation de produits artisanaux. Ainsi, les communautés peuvent profiter des avantages économiques du tourisme tout en sensibilisant les visiteurs sur l'importance du parc. La formation et l'accompagnement des populations locales dans tous ces domaines sont essentiels pour assurer la réussite de ces initiatives.

10.2.6. Mieux répartir les ressources tirées des bénéfices du parc entre la conservation et l'amélioration des conditions de vie des populations

Les populations riveraines bénéficient de certains projets de développement pour lesquels une quote-part leur est demandée pour manifester leur intérêt. Cette approche a été expérimentée dans le cadre du PACPNT avec des sollicitations qui oscillent entre 7% et 45% du coût total du projet.

Suivant cette logique, il est souhaité que les gestionnaires repartissent mieux les ressources tirées de la présence du parc auprès des partenaires privés comme les sociétés intervenant dans l'Espace Taï, de l'écotourisme et des fonds verts. L'implication des populations riveraines doit être mieux rétribuée à travers une quote-part suffisante qui aiderait à améliorer nettement leurs conditions de vie. Il faudra éviter les discours entendus dans certains villages de la zone riveraine où des populations estimaient bénéficier moins des retombées du parc que certaines espèces animales emblématiques qui étaient l'attention première de plusieurs partenaires internationaux. Le statut de Réserve de la biosphère exige que le parc national de Taï soit profitable aux populations.

En outre, il faudra imaginer une prime pour les populations autochtones qui ont cédé leur patrimoine à l'État, sur la base de tous les acquis financiers engrangés dans l'année en cours. Ces dispositions auront l'avantage de renforcer le niveau d'implication des populations dans la conservation du parc.

10.2.7. Autonomiser le financement du parc

La diversification des soutiens financiers avec une plus grande implication de la partie nationale dans le parc national de Taï constitue une stratégie cruciale pour la préservation et la valorisation de cette aire protégée. Le processus engagé par la Fondation pour les Parcs et Réserves de Côte d'Ivoire (FPRCI) est anticipateur et mérite d'être fortement poursuivi. En multipliant les sources de financement, le parc peut mieux gérer les risques économiques et garantir une gestion durable de ses ressources naturelles. Cette diversification peut inclure des financements publics, des partenariats privés, des subventions internationales, ainsi que des contributions locales. En ayant accès à un éventail plus large de fonds, l'on peut développer des projets de conservation, de recherche et d'infrastructures touristiques tout en assurant la protection de la biodiversité.

À l'échelle internationale, il faut aussi encourager une diversification des sources pour éviter le *diktat* de certains partenaires dominants. Le système de financement du parc pourrait bénéficier des mécanismes innovants tels que les crédits-carbone, les paiements pour services écosystémiques et les obligations vertes. Les crédits-carbone permettent aux entreprises et aux pays de fournir leurs émissions en investissant dans des projets de reforestation et de conservation dans le parc national de Taï. Les paiements pour services écosystémiques rémunèrent les efforts de conservation qui maintiennent les services écologiques essentiels, tels que la régulation du climat et la préservation des ressources en eau. Les obligations vertes, quant à elles, sont des instruments financiers émis pour financer des projets environnementaux et peuvent attirer des investisseurs institutionnels cherchant à soutenir des initiatives durables. En combinant ces diverses sources de financement, le parc national de Taï peut, non seulement sécuriser des fonds pour les projets actuels, mais aussi établir une base financière robuste pour les initiatives futures, assurant ainsi la conservation à long terme de sa riche biodiversité.

Au niveau national, il faut profiter de toutes les opportunités financières liées à la présence du parc. En premier lieu, les entreprises privées locales bénéficiaires des avantages écologiques du parc, à travers des Partenariats Public-Privé, doivent, en contrepartie, jouer un rôle important dans la conservation du parc national de Taï. En collaborant avec les autorités du parc et les organisations non gouvernementales, ces entreprises devraient apporter un soutien financier essentiel pour la mise en œuvre des programmes de protection de la biodiversité. Elles pourraient financer des initiatives de surveillance et de recherche et investir dans des projets de reforestation et de restauration des habitats, aidant à compenser leur empreinte écologique. Outre le soutien dans les activités de protection, ces entreprises locales, dans le cadre de leur responsabilité sociétale, peuvent aider à l'amélioration des conditions de vie des populations riveraines du parc par la mise en place de projets socio-économiques, à la sensibilisation et à l'éducation environnementale des communautés avoisinantes. Les gouvernements, de leur côté, peuvent fournir des incitations fiscales et réglementaires pour encourager les investissements privés dans des initiatives de conservation. En travaillant ensemble, les partenaires publics et privés peuvent également élaborer des modèles de financement innovants, tels que les paiements pour services écosystémiques, qui rémunèrent les efforts de conservation et encouragent les pratiques durables. Ces collaborations, fondées sur des objectifs communs et des engagements partagés, sont essentielles pour assurer la préservation à long terme du parc national de Taï.

10.2.8. Canaliser le processus d'humanisation de la zone riveraine

La zone riveraine du parc national de Taï est fortement peuplée suite à des processus migratoires qui se déroulés depuis les années 70 lors des grands projets d'aménagement du territoire. Cette forte humanisation a failli être préjudiciable au parc à un moment de son existence au regard des installations durables qui s'y opéraient. Le soutien de la communauté internationale a permis d'enrayer rapidement cette dynamique et de préserver l'intégrité physique du parc national de Taï qui est aujourd'hui le plus grand massif forestier encore intact de l'Afrique de l'Ouest. La dynamique des projets riverains vise à contenir les effets pervers de cette forte humanisation sur le parc. En somme, conserver l'intégrité physique du parc pour les 50 prochaines années passera aussi par une canalisation des migrations ou des installations humaines pour ne pas rompre le fragile équilibre existant.

La conjugaison de nombreux facteurs sera nécessaire pour l'atteinte de cet objectif. Ainsi, dans l'environnement local du parc, il faudra multiplier des campagnes de sensibilisation au planning familial dans les villages riverains pour contenir le taux de fécondité et éviter son explosion.

Dans l'environnement régional du parc, il faudra encourager la création d'emplois pour réduire le taux de chômage des jeunes et des femmes. Une offre importante d'emplois facilitera le départ des jeunes déscolarisés du milieu rural vers les centres urbains ou le maintien de ceux qui étaient déjà installés. En effet, le retour à la terre des jeunes déscolarisés a un impact négatif sur le parc, car, en raison du manque de terres fertiles pour les pratiques agricoles, le braconnage se présente comme l'une des meilleures opportunités économiques pour ces jeunes gens au détriment de la conservation du parc.

Au niveau national, il faudra éviter la création de nouvelles communes dans la zone riveraine du parc dans le cadre du processus de décentralisation. Cette opération a pour effet, comme les grands projets d'aménagement du territoire d'antan, de créer des conditions d'une forte humanisation de la zone avec l'installation d'équipements, d'infrastructures et de services attractifs. Un tel processus portera un coup aux efforts de canalisation de l'humanisation de la zone au profit de la conservation du parc.

Ensemble, il faudra créer les conditions pour d'une part, améliorer les conditions de vie des populations déjà installées pour ne pas qu'elles soient des actrices de la dégradation du parc, et d'autre part, éviter de nouvelles installations ou migrations vers le parc en créant des opportunités de rétention de ces populations dans les centres urbains jouxtant le parc.

10.2.9. Motiver le personnel pour réduire la mobilité professionnelle du personnel du parc

La réussite de la stratégie de conservation du parc repose sur un personnel qualifié constitué d'agents forestiers et d'autres qui ne sont pas de ce corps de métier. La parfaite cohésion entre ces compétences est à la base des succès engrangés par la Direction du parc depuis trente ans.

Cependant, lors de certains épisodes difficiles du parc, la démotivation du personnel a été citée comme un facteur explicatif de cette situation. L'une des conséquences de la démotivation du personnel est la forte mobilité professionnelle notamment du personnel civil, qui après l'acquisition de fortes expériences au parc national de Taï, se retrouve des années après dans d'autres Organisations nationales voire internationales. Cette situation conduit à un perpétuel recommencement en termes de formation du personnel.

Il faut donc mettre la motivation du personnel paramilitaire et civil au cœur de la stratégie de conservation du parc. Un personnel motivé s'inscrira dans la droite ligne de la vision de développement de la Direction quand celui qui est démotivé sera une entrave à l'atteinte des objectifs. A ce titre, l'administration du parc national de Taï devra mettre en place des processus de motivation du personnel à travers, entre autres, des primes et des voyages de renforcement des capacités à l'extérieur du pays. En somme, les conditions devront être créées pour préserver, autant que possible, le personnel paramilitaire et civil du parc afin de capitaliser les acquis professionnels de toutes ces années passées au parc.

10.2.10. Renforcer la collaboration entre les populations riveraines et les gestionnaires

L'innovation de la gestion mise en œuvre dans le cadre du PACPNT en 1993 est la conservation du parc avec l'appui des populations riveraines. Cette stratégie appelle une collaboration entre les gestionnaires et les populations pour l'atteinte des objectifs de la conservation du parc. Cette complicité devra se construire à travers une place plus grande accordée aux populations dans le système de gouvernance. Il s'agit concrètement de poser des actes qui traduisent la centralité des populations riveraines dans la stratégie de conservation du parc. Durant le projet PACPNT, les actions de développement riverain et de communication ont aidé à jouer ce rôle. À l'ère de l'OIPR, les Comités de Gestion Locaux constituent les principaux instruments de cette collaboration entre les acteurs concernés par la conservation du parc, y compris les populations riveraines et les gestionnaires.

Il faudra veiller à préserver cet instrument voire le renforcer pour que les populations riveraines soient effectivement au centre de la stratégie et non de façon symbolique et superficielle. Dans ce sens, il faudra décentraliser les CGL dans les localités riveraines du parc à travers des Comités de Développement Local avec des missions similaires au CGL, mais à une échelle inférieure comme les secteurs. Ces Comités Locaux de Développement (CLD) dans le parc national de Taï représenteraient une avancée significative pour la gestion inclusive et durable de ce parc. Les CLD, composés de représentants des communautés locales, des autorités traditionnelles, des gestionnaires du parc et des organisations de la société civile, serviront de plateformes de dialogue et de collaboration. Ils identifieront les besoins locaux, proposeront des projets de développement, suivront leur mise en œuvre, et assureront la participation communautaire. Ces comités renforceront leur sentiment de responsabilité et d'appropriation des ressources naturelles. Ils joueront un rôle crucial dans la sensibilisation à l'importance de la biodiversité, la promotion de pratiques agricoles durables et le développement de projets économiques alternatifs tels que l'écotourisme. Grâce à cette approche participative, les CLD contribueront à la protection de l'écosystème du parc de Taï, en améliorant les conditions de vie des populations locales, assurant ainsi une coexistence harmonieuse entre conservation et développement.

Ces populations riveraines constituant le premier cordon de protection du parc, une parfaite collaboration entre elles et les gestionnaires devrait aider à renforcer la protection du parc à travers la mise à disposition d'informations et la dénonciation de délinquants ou des faits porteurs d'avenir à l'administration du parc. Cette posture de veille est donc à préserver pour accompagner efficacement les gestionnaires dans l'accomplissement de leurs tâches.

10.2.11 Intégrer la conservation du parc dans les stratégies de développement local

L'un des domaines de compétence des collectivités territoriales et des Districts Autonomes est la préservation de l'environnement, y compris la gestion des parcs et réserves situées sur leur ressort territorial. De par sa situation géographique à cheval sur plusieurs régions et Districts Autonomes, le parc national de Taï devrait être un élément clé de la stratégie environnementale de toutes ces entités.

Intégrer la conservation du parc de Taï dans les Schémas d'Aménagement et de Développement du Territoire des différentes régions et des Districts Autonomes riverains est une clé pour montrer le caractère durable de sa stratégie de développement et obtenir d'importants appuis financiers dans le contexte actuel des Objectifs de Développement Durable (ODD). Cette intégration constitue un levier essentiel pour favoriser une croissance harmonieuse et durable.

En alignant les objectifs de conservation du parc sur les priorités de développement socio-économique des collectivités locales, l'on crée des synergies bénéfiques pour l'environnement et les communautés. Cette approche intégrée permet de valoriser le potentiel écologique et touristique du parc tout en stimulant l'économie locale à travers la création d'emplois verts et le développement de nouvelles infrastructures. Les autorités locales, en collaboration avec les gestionnaires du parc, devront élaborer des plans d'aménagement du territoire qui préservent le parc national de Taï tout en répondant aux besoins de la population et des générations futures.

10.2.12. Consolider les acquis de la collaboration entre les gestionnaires et les autres acteurs impliqués dans la conservation du parc

L'un des atouts de la gestion du parc de Taï durant la mise en œuvre du PACPNT était la capacité des gestionnaires à rallier les autorités locales notamment déconcentrées autour de la stratégie de conservation du parc. Le fait le plus marquant est la forte implication des autorités judiciaires dans les décisions de justice du parc de Taï au moment où les gestionnaires d'autres parcs comme la Marahoué étaient en conflit perpétuel avec les acteurs judiciaires.

Cette belle complicité a contribué à la condamnation dissuasive de nombreux délinquants ; ce qui a conduit à la baisse drastique du taux de récidivisme dans le parc qui s'est mieux senti grâce à cette politique collaborative.

La mise en place du Comité de Gestion Local sous l'ère de l'OIPR avait pour ambition de formaliser ce cadre avec un appui notable des autorités préfectorales qui sont les représentants de l'Exécutif. Les prix d'excellence de meilleur CGL des parcs et Réserves de Côte d'Ivoire obtenus plus tard par le CGL du parc de Taï est la récompense des importants efforts réalisés par ces acteurs et traduit l'exemplaire collaboration entre les gestionnaires et les autorités déconcentrées et décentralisées qui est à la base de la belle conservation du parc national de Taï.

10.2.13. Consolider les efforts de communication et de visibilité du parc

La stratégie de communication et de visibilité du parc peut être appréhendée de façon multiscalaire : (i) à l'échelle locale, (ii) au plan national et (iii) au niveau international.

Les stratégies de communication entre les gestionnaires du parc national de Taï et la population locale sont essentielles pour garantir une gestion efficace et participative des ressources naturelles. Cette stratégie consiste à instaurer des canaux de communication ouverts et réguliers, tels que des réunions communautaires, des ateliers participatifs et des consultations publiques. Ces rencontres permettent aux gestionnaires du parc de partager des informations sur les initiatives de conservation, les réglementations en vigueur et les opportunités de développement local. En retour, elles offrent aux communautés locales une plateforme pour exprimer leurs préoccupations, proposer des solutions et participer activement à la prise de décision. Cette approche bidirectionnelle favorise la transparence, renforce la confiance mutuelle. Par ailleurs, les médias locaux et les technologies de l'information et de la communication (TIC) peuvent être mobilisés pour diffuser des messages clés et sensibiliser les populations aux questions environnementales. Les gestionnaires du parc peuvent collaborer avec les radios locales, les journaux locaux et les plateformes de médias sociaux pour diffuser des campagnes de sensibilisation sur l'importance de la conservation de la biodiversité et les bénéfices économiques potentiels de l'écotourisme. Les TIC, telles que les applications mobiles et les SMS, peuvent également être utilisées pour envoyer des alertes sur les activités illégales, annoncer des événements communautaires et partager des succès de projets de conservation. Cette approche multicanale permet de toucher un public large et diversifié.

Une plus grande visibilité du parc national de Taï à l'échelle nationale peut être obtenue par des campagnes de sensibilisation et de promotion à travers divers canaux de communication. Les médias traditionnels tels que la télévision, la radio et la presse écrite peuvent jouer un rôle essentiel en diffusant des reportages, des documentaires et des articles sur la biodiversité unique et les initiatives de conservation du parc. Des campagnes sur les réseaux sociaux, utilisant des plateformes populaires comme Facebook, Instagram et Twitter, peuvent également atteindre un large public, en particulier en partageant des photos captivantes, des vidéos informatives et des témoignages de visiteurs et de scientifiques. Des événements nationaux comme les conférences, les expositions et les festivals axés sur la conservation de ce patrimoine, peuvent susciter un intérêt et un engagement accru parmi les citoyens et les décideurs. Il est aussi vital de collaborer avec les établissements scolaires et universitaires afin d'intégrer la conservation du parc national de Taï dans les programmes éducatifs. Des visites scolaires et des programmes d'éducation environnementale peuvent sensibiliser les jeunes générations à l'importance de préserver la biodiversité et les écosystèmes du parc. Par ailleurs, impliquer des célébrités locales et des personnalités publiques dans les campagnes de sensibilisation peut attirer l'attention des médias et du grand public, créant ainsi un mouvement de soutien plus large. Les partenariats avec des entreprises locales pour des initiatives de responsabilité sociale et environnementale peuvent également contribuer à financer des projets de conservation tout en améliorant la notoriété du parc. En combinant ces stratégies, le parc national de Taï peut devenir un symbole national de fierté et de conservation, mobilisant un soutien continu et des ressources.

À l'échelle internationale, il faudra aussi multiplier les canaux et supports. Ainsi, participer à des conférences internationales sur la biodiversité et aux forums de conservation permet de présenter les succès et les défis du parc à un public mondial, attirant ainsi l'attention de donateurs, chercheurs et militants potentiels. En outre, collaborer avec des médias internationaux pour produire des documentaires, des articles et des reportages sur la richesse écologique du parc et les efforts de conservation en cours peuvent sensibiliser un large public et générer un soutien financier important. Parallèlement, le développement de l'écotourisme international peut jouer un rôle important dans la mise en lumière du parc national de Taï. Promouvoir le parc comme une destination écotouristique de premier plan à travers des plateformes de voyage internationales, des salons du tourisme et des partenariats avec des agences de voyage spécialisées peut attirer des visiteurs du monde entier. L'écotourisme génère des revenus pour financer les activités de conservation, mais il sensibilise également les touristes à l'importance de la protection de la biodiversité. Par ailleurs, impliquer des influenceurs et des célébrités internationales dans des campagnes de promotion peut attirer l'attention des médias et du public mondial, amplifiant ainsi la visibilité et l'attrait du parc. Créer un site web professionnel multilingue avec des informations complètes sur le parc, incluant des photos, des vidéos, des itinéraires, des options de réservation en ligne, et des témoignages de visiteurs, renforce la visibilité du parc.

10.2.14. Développer une fonction prospective et de veille stratégique dans le système de gouvernance du parc

L'administration des parcs et réserves de Côte d'Ivoire est bien inscrite dans la planification stratégique avec des outils de gestion dont le plus important est le Plan d'Aménagement de Gestion (PAG) qui a une durée quadriennale. Si cette étape est bien réussie, l'administration des parcs et réserves gagnerait à se mettre au diapason de la prospective. Cette appropriation des méthodes et outils de la prospective ne ferait que renforcer son système de gestion avec une posture plus anticipatrice que réactive.

Si la planification est désormais bien entrée dans les habitudes de gestion de l'administration du parc de Taï, ce n'est pas encore le cas de la prospective qui vise à éclairer l'action présente à la lumière de l'exploration des futurs possibles du parc. Entrer dans le champ de la prospective appelle un renforcement des capacités des gestionnaires pour développer la culture de l'anticipation au sein de l'administration des parcs et réserves. À travers une fonction prospective et de veille stratégique bien établie, les acteurs de ce service seront outillés pour détecter les ingrédients du futur que sont, entre autres, les incertitudes et les faits porteurs d'avenir qui sont essentiels pour une activité prospective. Ainsi, sur la base de ces tendances émergentes et autres certitudes du futur détectées dans l'environnement interne, intermédiaire et plus large du parc, les gestionnaires du parc seront mieux éclairés pour prendre les bonnes décisions à l'aune des enjeux futurs explorés. Cette posture anticipatrice aura le mérite de mettre le parc à l'abri de la gestion des urgences au moment de la transformation des germes de changement en tendances lourdes.

Une telle pratique de gestion ne serait qu'une mise à jour de l'administration du parc aux normes nationales d'élaboration des politiques publiques qui fonctionnent depuis belle lurette, suivant les 5 maillons de la chaîne de planification, à savoir la Prospective, la Planification, la Programmation, la Budgétisation et le Suivi-Evaluation (PPPBSE). La prospective, premier maillon de cette chaîne de Planification est généralement absente des documents de planification des gestionnaires des parcs et réserves de Côte d'Ivoire qui se contentent de la planification de court et moyen terme en omettant le cadre global d'orientation du développement des parcs et réserves qui doit s'inscrire dans une visée de long terme, relevant du coup de la prospective.

Il faut donc veiller à inscrire la gestion des parcs et réserves et particulièrement de Taï dans le cycle de la pratique prospective en mettant en place un Service de prospective et de veille stratégique ou en exigeant le développement d'une fonction prospective à la Direction actuelle de Planification. L'avenir des parcs et réserves en dépendra.

Conclusion du chapitre 10

Parvenir à un parc national de Taï, vu comme une référence mondiale en matière de conservation, appelle une conjugaison parfaite des facteurs de succès des trente glorieuses du parc et des réformes à mettre en œuvre durant les 50 prochaines années. Ce modèle de gestion intégrée et collaborative peut conduire à la préservation durable du parc national de Taï à travers une harmonisation de la protection de la biodiversité exceptionnelle avec le développement durable des populations environnantes.

Les leçons tirées des 50 premières années de gestion du parc peuvent servir d'inspiration pour d'autres aires protégées en Afrique et au-delà, mettant en avant l'importance de la coopération internationale, de l'engagement communautaire et de la recherche scientifique dans la gestion des parcs nationaux. Cependant, au regard des fortes mutations qui s'annoncent dans l'environnement local, national et international du parc, le modèle de gestion du parc devra être plus dans l'anticipation pour éviter la gestion des urgences qui pourrait mettre à mal les importants acquis de la gestion antérieure en cas de risque mal géré.

La concrétisation du futur souhaité du parc à l'horizon du centenaire du parc national de Taï commande une application rigoureuse de cet Agenda 2072 du parc national de Taï.

Conclusion de la troisième partie

Après la rétrospective qui avait un objectif de compréhension de la dynamique de conservation du parc, cette troisième partie voulait penser l'avenir du parc national de Taï pour les 50 prochaines années. Cet exercice s'est appuyé sur la définition des enjeux de développement du parc issus de la rétrospective, de la construction des scénarios d'évolution du parc et de la formulation des orientations stratégiques en une feuille de route que nous qualifions d'Agenda 2072 du parc national de Taï.

Il ressort de cette exploration prospective que le parc national de Taï a de beaux jours devant lui. L'échéance du centenaire s'annonce sous de beaux auspices au regard des tendances issues du passé et des dispositions des gestionnaires et des gouvernants ivoiriens de la communauté internationale de plus en plus impliquée dans les enjeux environnementaux.

Cependant, cet exercice de prospective du parc national de Taï vise aussi à attirer l'attention des partenaires du parc à ne pas dormir sur leurs lauriers, car l'avenir est davantage du domaine de l'incertitude ; ce qui suppose que tous les futurs sont possibles, y compris ceux non envisageables au regard de leur portée pessimiste pour l'avenir du parc. Cette image appelle donc la veille des gestionnaires et de ses partenaires et un plus grand volontarisme de leur part. En effet, il est possible d'aller sereinement vers ce parc référence à l'horizon 2072 si et seulement si les résultats de cette réflexion anticipatrice se concrétisent en actions porteuses de changement au profit du parc de Taï.

Conclusion générale

Dans la conclusion de son mémorable ouvrage intitulé « Conservation de la nature et aires protégées en Côte d'Ivoire », Francis Lauginie prévenait : « … *Si, au contraire, les choix continuent à être dictés par le souci du gain immédiat et des visions à court terme, la nature en Côte d'Ivoire, comme ailleurs en Afrique, se réduira à l'état de reliques* » (Lauginie, 2007).

Cet ouvrage sur la conservation du parc national de Taï à l'horizon 2072 tente d'inverser cette tendance. En effet, cette recherche a une double valeur prospective, tant au niveau méthodologique que stratégique.

S'agissant de la méthode, cette étude est un bel exemple d'application de la méthode des scénarios dans un domaine particulier qui est la protection de la nature où l'urgence et le long terme cohabitent. Il faut réagir vite et maintenant pour sauver les parcs nationaux, derniers vestiges des écosystèmes en voie de disparition. Mais, nos actions ne doivent pas être seulement guidées par le court terme et l'urgence, car ces espaces qui sont le résultat d'un processus naturel séculaire conditionnent l'avenir lointain de l'humanité.

La valeur stratégique réside dans la capacité des résultats de cette étude à orienter la décision publique. Les scénarios construits éclairent sur l'éventail des futurs possibles du parc national de Taï et donc sur les perspectives du parc à l'horizon 2072. Ils sont suivis de pistes de solutions souvent bien connues des experts, mais qui méritent d'être rappelées pour montrer encore, si besoin était, toute son importance. En effet, l'avenir souhaité du parc national de Taï passera par la prise de certaines mesures fortes pour préserver les acquis ou inverser des tendances.

Ainsi, l'un des facteurs de succès du parc national de Taï qui est un invariant de ces trente dernières années est la disponibilité de ressources financières importantes pour financer les actions de protection, de gestion et d'aménagement du parc national de Taï. Si ces appuis sont, à l'heure actuelle, majoritairement tributaires des partenaires extérieurs, il faudra inverser cette tendance pour une plus grande autonomisation du financement afin de mettre définitivement la protection du parc à l'abri des incertitudes liées à la géopolitique internationale et des désidératas des organisations partenaires.

Il faudra aussi veiller à adapter le cadre institutionnel, réglementaire et opérationnel du parc national de Taï pour qu'il soit toujours efficace et performant. Il devra faire l'objet d'audits et d'évaluations régulières afin d'opérer continuellement sa mue conformément à la vision nationale et internationale du parc.

L'amélioration des rapports entre les gestionnaires et les populations riveraines et la création de conditions pour une plus grande implication de ces acteurs citoyens à la gouvernance du parc sont un autre axe stratégique fort. C'est l'une des garanties au succès de la politique de protection du parc, car les agents forestiers ne seront jamais suffisants et omniprésents pour une surveillance exemplaire du parc.

Enfin, le développement d'une fonction prospective et de veille stratégique s'impose de plus en plus comme une exigence d'une gouvernance moderne et anticipatrice. Il faut éviter la navigation à vue. Sénèque le disait à juste titre : « *Il n'y a de vent favorable que pour celui qui sait où il va* » (De Jouvenel, 2002). La culture de l'anticipation doit être une pratique bien ancrée dans le système de gouvernance du parc par le développement des méthodes et outils de la géo-prospective pour accompagner efficacement les gestionnaires, les partenaires et les autorités dans la prise de bonnes décisions pour l'avenir du parc national de Taï.

Faire la prospective de la gouvernance du parc national de Taï, le plus grand massif forestier de la Côte d'Ivoire, c'est parler de l'avenir de l'agriculture, le moteur de l'économie nationale, au regard des avantages agro-climatiques liés à la présence du parc sur le sol ivoirien. C'est parler aussi de l'avenir de la recherche scientifique nationale et internationale au vu du caractère original de cette forêt et des espèces fauniques et floristiques endémiques à ce parc. C'est aussi parler d'un cadre d'expérimentation d'une gouvernance de conservation réussie d'une aire protégée dans un environnement fortement humanisé, avec la collaboration des populations riveraines. Le Projet Autonome pour la Conservation du Parc National de Taï (PACPNT), la première expérience d'un projet intégré de conservation à visage humain, peut être considéré comme une belle réussite.

Cet ouvrage est le fruit d'une passion pour la recherche sur la gouvernance des aires protégées et pour la prospective, deux intérêts découverts approximativement durant la même période, à savoir au début des années 2000. Ce sont donc près de 25 années de recherche, de pratiques professionnelles et d'expertises qui sont relatées ici. En un quart de siècle, d'importants pas ont été posés dans ces deux domaines, mais beaucoup restent à faire. La création de la Chaire UNESCO Anticipation, Prospective et Territoires Durables à l'Université Alassane OUATTARA, en mars 2022, et les soutenances de thèses de doctorat de mes premiers étudiants travaillant sur la gouvernance des aires protégées, la même année, montrent bien qu'une nouvelle ère débute. Celle de l'approfondissement des chantiers ouverts durant ces 25 premières années et l'exploration de nouveaux champs connexes avec des concepts, méthodes et outils innovants. Notre ambition qui s'inscrit dans la poursuite de celle de notre maître, Feu Professeur KOBY Assa Théophile, est de contribuer à la naissance d'une école ivoirienne de prospective territoriale avec des champs d'application divers, comme celui de la gouvernance des espaces naturels. L'ouvrage publié avec lui, intitulé « *Essai sur une géographie de l'avenir : concepts, démarches, outils* » (Koby et Kouassi, 2023), a posé les bases conceptuelles et méthodologiques de ce projet scientifique.

À mon épilogue universitaire, j'aurais parcouru la moitié du chemin menant au centenaire du parc national de Taï. Si j'étais de ce rendez-vous, ce serait purement le fait de la Transcendance. Autrement, nos étudiants ou jeunes collègues feront le trajet restant pour apprécier le niveau de concrétisation du scénario souhaité de cet ouvrage qui est de faire du parc national de Taï à l'horizon 2072, une référence mondiale en matière de conservation d'une aire protégée.

Bibliographie

ABDELMAKI Lahsen, MUNDLER Patrick, 1997, *Économie de l'environnement,* Paris, Hachette supérieur, 157 p.

ADOM, BALLO, et WAITKUWAIT William, 1990, Problématique d'une zone tampon pour le renforcement de la conservation du Parc National de Taï. Manuscript non-publié, Abidjan, RCI, 63p.

AHUI Jean Ahui, 1999, *Étude socio-économique et démo-forestière du parc national de la Marahoué*, Rapport de Conservation International, Bouaflé, Côte d'Ivoire.

AKOUE Yao Jean Claude, 2005, *Les aspects conflictuels liés à la conservation des aires protégées de Côte d4ivoire : Le cas du parc national de la Marahoué à Bouaflé,* Mémoire de DEA, Université d'Abobo Adjamé, SGE, 82 p.

ALLPORT Gordon, BOESCH, Christophe. COUTURIER Guy, Esser, Josef, Merz Georges. Piart, Jonathan, 1994, *La faune*, In Riezebos, Vooren, Adrianus Pieter et Guillaumet Jean, Louis (eds.). Le Parc National de Taï, Côte d'Ivoire. Synthèse des connaissances. La Fondation Tropenbos, Wageningen, Pays-Bas 332 p.

AMANI Yao Célestin, 2008, Sédentarisation *des communautés forestières dans les forêts classées en Côte d'Ivoire : cas de la forêt classée des Rapides Grah (San-Pedro),* Thèse de doctorat, UFR SGE, Université d'Abobo-Adjamé, 366p.

ANOH Kouassi Paul, 1994, *Contribution à l'étude du réseau de distribution des ressources halieutiques marines en Côte d'Ivoire*, Thèse de doctorat, 3ème cycle, FLASH, Université de Cocody

APHING Kouassi N'dri Germain, 2001, *Le tourisme littoral dans le Sud-Ouest ivoirien.* Thèse de doctorat de troisième cycle, Université de Cocody, 327p.

ARCADE Jacques, 1998, *Articuler prospective et stratégie. Parcours du stratège dans la complexité*. Travaux et recherches de prospective, n° 8, 88p.

ARCADE Jacques., 2000, *Mettre en scène des futurs inédits : éléments d'ingénierie prospective à l'usage des praticiens*, Travaux et recherches de prospective, n° 11,

ATTILIO Gaudio, ROEKEGHEM Patrick Van, 1976 *Etonnante Côte d'Ivoire*. Édition Karthala, 266p.

AUBREVILLE André, 1954 « *Une charte de la protection de la nature en Afrique tropicale* » In Revue Bois et Forêts des tropiques, n°34, Mars-Avril, 8p.

AUTORITE POUR L'AMENAGEMENT DE LA REGION DU SUD-OUEST (ARSO), 1973, *Le développement touristique. Schéma directeur*, pp 1-12.

BABO Alfred, 2003, *Dynamique sociale et mutations dans le système de gestion du foncier en zone de savane : Une réflexion à partir des cas des villages baoulé d'allokokro, Kouakro, Mandéké et Sahounty,* Thèse de doctorat unique en sociologie, Université de Bouaké.

BACHIR Diagne Souleymane, 2000, *Reconstruire le sens : Textes et enjeux de prospectives Africaines*, CODESRIA, pp. 3-57.

BAILLY Jean Paul, 1998, « *Prospective, débat, décision publique* » Extrait du rapport n° 1998- 16 de la Commission spéciale du plan du Conseil économique et social de France, 13 p.

BALLE Phillipe et ANOH Jean Claude, 1992, « *La sauvegarde du patrimoine forestier en Côte d'Ivoire* » In compte rendu séminaire sur l'aménagement intégré des forêts denses humides et des zones agricoles périphériques, pp. 15-22.

BASSALER Nathalie, 2004, *Le jeu des acteurs de l'information géographique : un cas appliqué de la méthode MACTOR,* Paris, Cahiers du LIPSOR n° 17, 64 p.

BASSARGETE Dénis., 2003 « *Le futur de la forêt tropicale guyanaise : Une opportunité pour repenser la relation spatiale entre une organisation et son substrat.* » In Annales de Géographie, n° 330, Armand Collin, pp. 188-213.

BASSET Thomas, 2002, « *Patrimoine et territoire de conservation dans le nord de la Côte d'Ivoire* » In Patrimonialiser la nature tropicale. Paris, Colloques et séminaires, pp 323-339.

BATTLE. Annie, 1986, « *La prospective, un produit français* » In Les travailleurs du futur, Paris, Seghers, Collection Les visages de l'avenir, pp 79-87.

BAUM GERARD, 1992, *« Parc national » ou « Barrière verte », Une biosphère endémique endangérée dans la vie des populations riveraines*, 88p.

BERGER Gaston, 1958, « *L'attitude prospective* », Prospective, n°1, Paris, Presses universitaires de France, mai, pp 1-10.

BERGER Gaston, 1959, *« L'attitude prospective »* In le Monde en devenir (Histoire, évolution, prospective) Paris, Société, Nouvelle de l'Encyclopédie française, pp 20.54-12 à 20.54-14.

BERGER Gaston., 1964, *Phénoménologie du temps et prospective,* Paris, PUF, 288 p.

BERGER Gaston, 1967, Étapes *de la prospective,* Paris, PUF, 337 p.

Berger Jhon, Deffner Alex, Quetier Francis et Baptist 2015, *Evaluation des services écosystémiques du Parc national de Taï,* Rapport d'étude, PROFIAB II, 94 p.

BERTIER. Nicole, 2004 Les *techniques d'enquête en sciences sociales*, Armand colin, 2ème édition, Paris, 352p.

BIBLIOTHÈQUE DE PROSPECTIVE, 1967, *Étapes de la prospective*, Presses universitaires de France, 344 p

BIDI Tapé Jean, 1999 *« Cartographie des aménagements touristiques du cordon littoral de Grand-Bassam »* In Géographie ivoirienne, cahier Nantais, n° 51, pp 39-46.

BOESCH Christophe et BOESCH-Achermann, 2000, « The chimpanzees of the Taï forest », in "UNESCO, 2000, Biosphere reserves": Special places for people and nature, UNESCO, Paris, 91p.

BONNEHIN Leonie, 2006, *Le profil de la zone périphérique du parc national de Taï. Quel potentiel pour la conservation de ce parc,* OIPR/GTZ, 81 p.

BONNY. Kouadio Eugène, 1989, *Monographie des parcs nationaux de Côte d'Ivoire*, Doctorat de troisième cycle, pp 229-230.

BONNY Kouadio Eugène, 1992, *« La sauvegarde des parcs nationaux en Côte d'Ivoire »* In Compte rendu séminaire sur l'aménagement intégré des forêts denses humides et des zones agricoles périphériques, pp 227-235.

BOURBON-BUSSET Jacques de, 1959 *« Au rond- point de l'avenir »,* Article paru dans le n° 4 des Cahiers prospective du Centre international de prospective, PUF, Novembre, pp 13-19.

BOURBON-BUSSET Jacques de, 1962 – *« Réflexions sur l'attitude prospective »,* Communication donnée à une assemblée plénière du Centre d'études prospectives.

BOUSQUET Bernard., 1977, *Le parc national de Taï*, 372p.

BOUSQUET, Bernard,1978, Un parc de forêt dense en Afrique : le parc national de Taï (Côte d'Ivoire), Bois et Forêts des Tropiques 134p.

BROU Yao Télesphore, AKINDES Francis et BIGOT Sylvain, 2005, *La variabilité climatique en Côte d'Ivoire : entre perceptions sociales et réponses agricoles,* Cahiers Agricultures, 540p.

BUREAU DU MONT ROYAL., 2006, *Étude prospective du Mont-Royal en comparaison avec quatre grands parcs canadien et américain,* Rapport final, Juillet 2006, 40 p.

CERCLE PROSPECTIVE DES FILIÈRES AGRICOLES ET ALIMENTAIRES., *« Quelle agriculture en 2010 ? pour quelle agriculture en France. »* 2 p.

CHAPUY Pierre, MONTI Régine, 1998 *La filière agricole et l'environnement : Scénarios 2010 par la méthode Delphi-Abaque de Régnier,* Paris, CNAM, Cahiers du LIPSOR n° 9, 58 p.

CHAPUY Pierre, GODET Michel, 1999, *Sécurité alimentaire et environnement. Analyse du jeu d'acteurs par la méthode MACTOR,* Paris, CNAM, Cahiers du LIPSOR n° 11, 64 p.

CHEVALIER, Auguste, 1909, *L'extension et la régression de la forêt vierge de l'Afrique tropicale*, Comptes Rendus, 149p.

COLLINET Jean, MONTENY Bruno et POUYAUD Bernard, 1984, *Le milieu physique, le projet Taï : Recherche et aménagement en milieu forestier tropical humide,* Côte d'Ivoire, 58 p.

COMMISSION EUROPEENNE., 2006, *Profil environnemental de la Côte d'Ivoire,* Rapport final, AGRIFOR Consult, Août 2006, 133 p.

CONSEIL RÉGIONAL D'AQUITAINE, 1994 *Le pays basque en perspective,* 100 p.

CONSERVATION INTERNATIONAL/MINEF, 2001, *Lignes directrices pour le parc national de la Marahoué*, République de Côte d'Ivoire, 91p.

CORBIN Alain, 1988, Le *territoire du vide, l'occident et le désir du rivage : 1750-1840.* Paris, Aubier, Collection historique, 416p.

CORDOBES Stéphane, DURANCE Philippe, 2004, *Les entretiens de la mémoire de la prospective : Pierre Piganiol,* CNAM, LIPSOR, Septembre.

CORDOBES Stéphane, DURANCE Philippe, 2004, *Les entretiens de la mémoire de la prospective : Armand Braun,* CNAM, LIPSOR, Août.

CORDOBES Stéphane, DURANCE Philippe, 2004, *Les entretiens de la mémoire de la prospective : Hugues de Jouvenel,* CNAM, LIPSOR, Août.

CORDOBES Stéphane, DURANCE Philippe, 2004, *Les entretiens de la mémoire de la prospective : Edith Heurgon,* CNAM, LIPSOR, Septembre.

CORDOBES Stéphane, DURANCE Philippe, 2004, *Les entretiens de la mémoire de la prospective : Jacques Lesourne,* CNAM, LIPSOR, Septembre.

CORLAY Jean Pierre., 1993 – *La pêche au Danemark. Essai de géographie halieutique*. Thèse pour le doctorat d'État ès Lettres et sciences humaines, section géographique à l'Université de Bretagne occidentale, 1331 p.

CORMIER-SALEM Marie-Christine, ROUSSEL Bernard, 2002, *« Introduction – Mettre en patrimoine la nature tropicale : une histoire ancienne, des enjeux nouveaux »* In patrimonialiser la nature tropicale – Paris. Colloques et séminaires, pp 15-26.

D'AQUINO Patrick, 2002, *« Le développement local. Le territoire entre espace et pouvoir : pour une planification territoriale ascendante »* In l'Espace géographique, n° 1, 2002, pp 3-23.

DATAR., 1971, *Prospective et analyse de systèmes*, Travaux et recherches de prospective, La documentation française, 174 p.

DATAR., 1975, *La méthode des scénarios*, Travaux et recherches de prospective, La documentation française, 133 p.

De JOUVENEL Bertrand, 1961, « Théorie politique pure », *Science Politique*, vol 11, n°2, Paris, France, pp.364-379.

DEPRAZ Samuel, KARTESZ Adam, 2002, *« L'évolution de la notion de protection de L'évolution de la notion de protection de l'environnement en Hongrie – Analyse géographique et sociale à partir de l'exemple des parcs nationaux hongrois »* In Annales de géographie, n° 629, 2002, Armand Collin, pp 414- 430.

De ROUW Anneke 1991, « The invasion of Chromolaena odorata (L.) King & Robinson (ex-Eupatorium odoratum) and competition with the native flora, in a rain forest zone, south-west Côte d'Ivoire ». *Journal of Biogeography* vol 18 pp13-23.

DIARRASSOUBA Issouf, 2014, Caractérisation de la faune des macrovertébrés benthiques du Parc national de Taï. Mémoire de Master, UFR Biosciences Université Félix Houphouët Boigny, Abidjan (Côte d'Ivoire), 57 p.

DIAW Aminata, 1998, *« Le futur à inventer : quelle modernité pour l'Afrique »* In Penser le développement. Actes du séminaire international tenu à Dakar du 30 oct. au 01er nov. 1997, DAKAR, UCAD, Goethe Institut.

DREVET Jean-François, 1979, *« Évolution récente de l'agriculture villageoise en zone forestière »* In Annales de l'Université d'Abidjan, série G, Tome VIII, pp 80-112.

DUGAST Stéphan, 2002, *« Mode d'appréhension de la nature et gestion patrimoniale du milieu »* In Patrimonialiser la nature tropicale, Paris, Colloques et séminaires, pp 30-33.

DUHAMEL Philippe., KNAFOU Rémy, 2003, *« Tourisme et littoral. Intérêts et limites d'une mise en relation »* In Annales de géographie, n° 629, Armand Collin, pp 47-67.

DURANCE Philippe, 2004, *Les entretiens de la mémoire de la prospective : Michel Godet,* CNAM, LIPSOR, Septembre.

DURANCE Philippe, 2005, *Les entretiens de la mémoire de la prospective : Jean Paul Bailly,* CNAM, LIPSOR, Février.

ELLENBERG Leuven, 1992, *« Comparaison de la zone tampon du Selous National Game Reserve (Tanzanie) avec celle du parc national KAHUZI BIEGA (RDC) »* In Patrimonialiser la nature tropicale, Paris, Colloques et séminaires, pp 285-294.

ERNST Richard et RÖDEL Mark-Oliver, 2005, Anthropogenically induced changes of predictability in tropical anuran assemblages, *Ecology*, 86(11), pp.3111-3118.

ERNST Richard, LINSENMAIR, Karl Eduard. et RÖDEL Mark-Oliver, 2006, Diversity erosion beyond the species level: dramatic loss of functional diversity after selective logging in two tropical amphibian communities, *Biological Conservation*, 133(2) pp.143-155.

ESSER Jean, 1992, *Plan sectoriel forestier*, GTZ.

FGU KRONBERG, GTZ, RCI, 1979, *État actuel des parcs nationaux de la Comoé et de Taï et de la réserve d'Azagny et propositions visant à leur conservation et à leur développement aux fins de promotion du tourisme,* Tome III : le parc national de Taï, FGU-Kronberg Consulting + Engineering, Kronberg, Allemagne, 155 pp

FGU-Kronberg, 1979, *État actuel des parcs nationaux de la Comoé et de Taï, ainsi que de la promotion du tourisme,* Consulting + Engineering, Kronberg, Allemagne, 94 p.

FOSA MAROC, 2000, Document tiré via internet.

FUTURIBLES/CNAM/DATAR/Commissariat général du plan, Paris, 53p.

FUTURS AFRICAINS, 1993 – *Guide méthodologique d'un exercice NLTPS.*

FUTURS AFRICAINS, 1997, *Quelques repères, cinq années d'études nationales de prospective à long terme en Afrique,* Abidjan, NEI.

FUTURS AFRICAINS, 2001, *Un guide pour les réflexions prospectives en Afrique*, Abidjan, NEI, 130p.

GEPRENAF, 1994, *Rapport de préparation du projet*, Ministère de l'environnement et de la forêt, pp 5-29.

GERONINI Martine, 200, *« Géographie historique des paysages patrimoniaux et touristiques de mémoire françaises. Étude comparative du vieux Québec et du vieux Carré »* In Annales de Géographie, n° 629, 2003, Armand Collin, pp 68-90.

GODET Michel, 1991, *De l'anticipation à l'action*, DUNOD.

GODET Michel, 2000, *« La prospective en quête de rigueur : portée et limites des méthodes formalisées »,* Paris, Futuribles n° 246, Janvier 2000, 11 p.

GODET Michel, 2001 – *« Prospective et dynamique des territoires »,* Paris, Futuribles n° 269, 10 p.

GODET Michel, 2006, *Creating futures. Scenario planning as a strategic management tool,* Paris, Édition Economica, 2006, 369 p.

GODET Michel, 2006, *Prospective stratégique : Problèmes et méthodes,* Paris, Cahiers du LIPSOR n° 20, 92p.

GODET Michel, 2006, *« Trois scénarios qui posent questions. »* Article paru dans les Echos du 29.01.06, p 15.

GODET Michel, 2007, *« Démocratie ou démagogie »* Article paru dans le Monde du 23.01.2007

GODET Michel, 2008, *« L'agriculture, une question de bon sens. »* Paru dans le Mag – Culture n° 55 de Novembre 2008.

GODET Michel, MOUSLI Marc, 2006, *Vieillissement, activités et territoires à l'horizon 2030,* Conseil d'analyse économique, DIACT, Paris, La Documentation française 296p.

GODET Michel., 2007, *« Peut-on développer durable ? »,* Article paru dans *le Monde* du Jeudi 13 Décembre 2007.

GODET Michel, DURANCE Philippe, MIRENOWICZ Philippe, 2007, *La prospective territoriale : Pour quoi faire ? Comment faire ?* Cahiers du LIPSOR, Série Recherches n° 7.

GOEDFROIT Sophie, 2002 *« Stratégies patrimoniales au paradis de la nature – la diversité, développement et revendications locales à Madagascar »* In Patrimonialiser la nature tropicale, pp 125-142.

GOH Dénis, 2005, *Les approches participatives dans la gestion des aires protégées en Côte d'Ivoire : L'expérience du projet autonome pour la conservation du parc national de Taï (PACPNT),* Thèse de doctorat unique en Sciences de gestion de l'environnement, Université d'Abobo Adjamé, 307 p.

GOLI Bi, Kien KOUASSI Brahima, KOUAMELAN Tanoh Maruis et BERTE Siaka, 2019, *Typologie de la pêche sur le lac de barrage de Buyo (Fleuve Sassandra, Côte d'Ivoire),* Fishing typology in man-made lake Buyo (Sassandra River, Côte D'Ivoire, 1229p.

GRELL, Ole., Schawhn, Jhon, THIESSEN Hans-Jürgen et KOUAMELAN Essétchi Paul, 2012, *Étude sur les écosystèmes aquatiques du Parc National de Taï* Rapport établie par ordre et pour le compte de la GIZ, PRODEMIR, composante Conservation du Parc national de Taï, 97 p.

GUILLAUMET Jean-Louis, COUTURIER Guy et DOSSO Henri, 1984, *Recherche et aménagement en milieu forestier tropical humide : le Projet Taï de Côte-d'Ivoire*, l'Organisation des Nations Unies pour l'éducation, la science et la culture (UNESCO), Paris, France, 250 p.

HALTENORTH Diller., 1985, *Mammifères d'Afrique et de Madagascar.* Paris, Delachaux et Nestlé Neuchâtel.

HARRISON Jeffrey, CARON. Saint John., 2002 *Foundations in strategic management,* South western and Thomson Learning, 2002, 168 p.

HASSENLOP Joseph, 1971 « *Évolution de l'urbanisation dans 14 états d'Afrique noire et Madagascar avec une esquisse prospective à l'horizon 1985* » In Cahier ORSTOM, série sciences humaines, vol 8, n° 1, pp 25-36.

HATEM Fabrice, 1993, *La prospective, pratiques et méthodes,* Economica, Paris.

HAUHOUOT Asseypo Antoine, 1979, « *Une première approche géographique de l'intégration des complexes sucriers de Côte d'Ivoire. (L'exemple de Ferké I et de Borotou la Boa)* » In Annales de l'Université d'Abidjan, série G, Tome VIII, pp 5-32.

HAUHOUOT Asseypo Antoine, 2003, Développement, Aménagement, Régionalisation, EDUCI, Collection Essai, 364p

HERITIER Stéphane, 2003, « *Tourisme et activités récréatives dans les parcs nationaux des montagnes de l'ouest Canadien : Impacts et enjeux spatiaux (Parcs nationaux de Banff, Jasper, Yoho, Kootenay, lacs waterton, mount riverstoke et des glaciers)* » In Annales de Géographie, n° 629, Armand Collin.

HETMAN Francis, 1969, *Le langage de la prévision,* Paris, Futuribles, 547 p.

HILLERS Annika, VEITH Michael, RÖDEL Mark-Oliver, 2008 « Effects of forest fragmentation and habitat degradation on West African leaf-litter frogs (Effets de la fragmentation des forêts et de la dégradation de l'habitat sur les grenouilles des feuilles mortes d'Afrique de l'Ouest) », Conservation *Biology,* vol 22 n°3, Washington, USA, pp.762-772.

HOCKING Daniel et BABBITT, Kimbierly, 2014, *Amphibian contributions to ecosystem services* Herpetological Conservation and Biology 17 p.

HOPPE Domink, 1996, *État actuel des grands mammifères du parc national de Taï*, GTZ.

HOPPE-Dominik, 1997, *Suivi et analyse des résultats du travail de la cellule suivi faune sur l'état actuel des effectifs des grands mammifères dans l'ensemble du Parc national de Taï : proposition et mise en oeuvre d'un système plus efficace de surveillance,* Rapport établi pour GTZ, Abidjan, San-Pédro, (Côte d'Ivoire): 50 p.

IBO Guehi Jonas, 2004, *Histoire de la protection de la nature en Côte d'Ivoire par les textes*, IRD Université d'Abobo-Adjamé, 45p

IBO Jonas, 2004, « L'expérience post-coloniale de la protection de la nature en Côte d'Ivoire : quarante-quatre ans de bricolage et d'incertitudes », Journal des Sciences Sociales vol , pp.69-89.

INRA, 2008, *Les nouvelles ruralités en France à l'horizon 2030*, 81p.

INS, RGPH., 1998, *Résultats définitifs par localité région du bas Sassandra*, Tome I.

JACQUIER Jean Marc, 1935, *Note sur l'existence probable de Négrilles dans les forêts vierges de l'Ouest de la Côte d'Ivoire* Bull du Comité d'Études historiques et scientifique de l'AOF. Janvier-Mars 1935. 358p

JARED Diamond, 2007, « *Le collapsus de l'humanité n'est pas inévitable* » In L'Atlas des civilisations, Revue Le Monde hors-série, pp 150-151.

JOUVENEL Hugues De, 2002, *Un bref guide méthodologique,* Paris, Futuribles, 24 p.

KABLAN N'guessan Alfred, 1982, *Le droit de la forêt en Côte d'Ivoire*, Thèse de doctorat d'état en droit, Université de Paris I – Panthéon Sorbonne, 616 p.

KABLAN N'guessan Hassy Joseph, 2000. Les arrière-pays des ports ivoiriens, thèse de 3e Cycle de Géographie, Université de Cocody Abidjan, 338 p.

KAMAGATE Sanaliou, 2008, *Les fonds régionaux d'aménagement rural (FRAR) et le développement en Côte d'Ivoire : Le cas de l'Est,* Thèse de doctorat unique de géographie, Université de Cocody, IGT, 497 p.

KNAFOU Rémy, 1997 *« Une approche géographique du tourisme »* In l'Espace géographique, n° 3, 1997, pp 193-204.

KOBY Assa Théophile, 1979, *« Remarques méthodologiques relatives à l'utilisation du concept de système pour l'étude des espaces traditionnels en Côte d'Ivoire »* In Annales de l'Université d'Abidjan, série G, Tome VIII, pp 59-79.

KOBY Assa Théophile, 1979, *Agriculture, développement et intégration nationale »* In Annales de l'Université d'Abidjan, série G, Tome VIII, pp 33-58.

KOBY Assa Théophile, 2001, « *Essai pour une géographie du futur : le cadre conceptuel »* In Revue de Géographie Tropicale et d'Environnement n°1, Abidjan, PUCI, pp 3-18.

KOBY Assa Théophile, KOUASSI Kouamé Sylvestre, 2023, Essai sur une géographie de l'avenir. Concepts, démarches, outils. Paris, Edition L'Harmattan, 429.

KOUADIO Konan Eugène, 2008, *Activités humaines et conservation de la diversité végétale dans les aires protégées du sud forestier ivoirien : l'exemple du parc national d'Azagny*, Thèse de doctorat unique, UFR SHS, Université de Cocody, 271 p.

KOUAMELAN Essétchi Paul, 2018, *Biodiversité des poissons du Parc national de Taï : Une ressource naturelle à sauvegarder* Éditions Universitaires Européennes, 165 p.

KOUASSI Kouamé Sylvestre, 2002, Populations *riveraines et cogestion des espèces fauniques autour du parc national de Taï : Cas du secteur Est*. Mémoire de Maîtrise, Université de Cocody, IGT, 148 p.

KOUASSI Kouamé Sylvestre, 2005 *L'avenir du parc national de Taï : Éléments de prospective territoriale pour une géographie appliquée.* Mémoire de DEA, Université de Cocody, IGT, 66 p.

KOUASSI Kouamé Sylvestre, 2012, *La prospective territoriale au service et la conservation des aires protégées en Côte d'Ivoire : les exemples comparés des parcs nationaux de Taï et de la Marahoué*, Thèse Unique de Doctorat, Université Félix Houphouët Boigny Abidjan, 459 p.

LAHOUSSE Philippe, 2002, *« La gestion du risque torrentiel à Serre – chevalier : Acteurs et enjeux »* In l'Espace géographique, n° 2, 2002, pp 163-173.

LAUGINIE Francis, 1979, *Valorisation des milieux tropicaux par la conservation de la faune sauvage.* Thèse de doctorat, Toulouse, 1977, 369p.

LAUGINIE Francis, 2007, *Conservation de la nature et aires protégées en Côte d'Ivoire,* Abidjan, CEDA/NEI, 668 p.

LAZZAROTTI Olivier, 2003, *« Tourisme et patrimoine »* In Annales de géographie, n° 629, 2003, Armand Collin, pp 91-110.

LUXEREAU Anne, 2002, *Postface* In patrimonialiser la nature tropicale. Paris, colloques et séminaires, pp 439-443.

MALHOMME Marie Claude, 2005, *« La prospective territoriale revisitée »,* Article paru dans la revue Pouvoirs locaux n° 64, *Espaces temps*. Net.

MARTIN Jan Yves, 2003 – *Développement durable : Doctrines, pratiques et évaluations,* Paris, IRD Éditions, 348 p.

MASSE Pierre, 1965 – *Le plan ou l'anti-hasard,* Paris, Éditions Gallimard, 253 p.

MONTENY Bruno, 1987, *Contribution à l'étude des interactions végétation-atmosphère en milieu tropical humide : importance du rôle du système forestier dans le recyclage des eaux de pluie*, Thèse, Université. Paris-Sud, Orsay, France, 156 p.

MONTI Régine., ROUBELAT Fabrice, 1998 *« La boîte à outils de la prospective stratégique et la prospective de défense : Rétrospective et perspectives »* In les Actes des entretiens Science et défense, Paris, CNAM, LIPSOR, 3 p.

MOUSLI Marc, 2004 – *Pays basque 2010 : la prospective participative dans un territoire d'exception,* Cahiers du LIPSOR n° 15.

N'DA Dibi Hyppolite, 2007, *Étude et suivi par télédétection et système d'informations géographiques d'une aire protégée soumise aux pressions anthropiques : cas du parc national de la Marahoué*, Thèse de doctorat unique, UFR STRM, CURAT, Université de Cocody, 181p.

N'DA Paul, 2002, *Méthodologie de recherches : De la problématique à la discussion des résultats,* Abidjan, EDUCI, 144 p.

N'GUINGUIRI Jean Claude, 2004, *« Gouvernance des aires protégées dans le bassin du Congo : principes et pratiques »* Communication donnée au Symposium international des forêts tropicales dans un contexte de changement global, Bruxelles, 8-9 Novembre 2004.

NELI Aparecida de Mello, HERVE Théry 2003, *« L'État brésilien et l'environnement en Amazonie : évolution, contradiction et conflits »* In l'Espace géographique, n° 1, 2003, pp 3-20.

NUGUI Jocelyne Ettienne, 1971 *Artisanats traditionnels en Côte d'Ivoire.*

OIPR, 2005, *Rapport annuel d'activités, Secteur Marahoué.*

OIPR, 2006, *Orientations stratégiques des mesures riveraines autour des parcs nationaux de Côte d'Ivoire,* 32 p.

OIPR, 2006, plan d'aménagement et de gestion du parc national de Taï-Direction de zone sud-ouest, ministère de l'environnement, des eaux et forêts, 99 p.

OIPR, 2006, *Plan d'aménagement et de gestion du parc national de Taï,* 99 p.

OIPR, 2006, *Plan d'aménagement et de gestion du parc national de Taï,* Direction de zone sud-ouest, ministère de l'environnement, des eaux et forêts, 99 p.

OIPR, 2020, plan d'aménagement et de gestion du parc national de Taï-Direction de zone sud-ouest, ministère de l'environnement, des eaux et forêts 206.p

OIPR, 2020, *Plan d'aménagement et de gestion du parc national de Taï,* Direction de zone sud-ouest, ministère de l'environnement, des eaux et forêts 206.p

ORGANISATION MONDIALE DU TOURISME, 2001, *Tendances de marchés touristiques – Afrique* – 170p.

ORGANISATION MONDIALE DU TOURISME, 2001, *Tendances des marchés touristiques. Aperçu mondial et actualité touristique,* 82p.

ORSTOM, 1967, *Étude de reboisement et de protection des sols*, Notice explicative de la carte climatologique au 1/1.000.000. ORSTOM, Adiopodoumé, RCl, 1566p.

OUALLET Anne, 2002, *« Patrimoine mondial et pauvreté locale : Tombouctou et Djenné au Mali »* In Annales de la recherche urbaine « ce qui demeure » n° 92, sept 2002, pp 87-94.

PACPNT, 1996, *Les divisions III et IV du PACPNT : Approches, activités et premiers résultats.*

PACPNT, 1997, *Contribution du PACPNT à l'autopromotion autour du parc national de Taï.*

PACPNT, 2000, *Rapports mensuels et annuels de la division II, Zone Est, 1997-2000.*

PATRIMOINE CANADIEN, 1994, *Principes directeurs et politiques de gestion*, Ministère des approvisionnements et services, OTTAWA, CANADA, 127p.

PERRAUD Alain et WA Lokhuis, 1971, *La matière organique des sols forestiers de la Côte d'Ivoire*, Thèse Sc. Nat. Nancy, France, 87 pp.

RÉPUBLIQUE DE CÔTE D'IVOIRE, 1973, *Investir dans le tourisme en Côte d'Ivoire*, Ministère d'état chargé du tourisme, p34.

RÉPUBLIQUE DE CÔTE D'IVOIRE, 1983 – *Plan quinquennal de développement économique, social et culturel. 1981-1985,* Ministère du plan et de l'industrie, Tome II, vol I, 375 p.

RÉPUBLIQUE DE CÔTE D'IVOIRE, 1983, *Plan quinquennal de développement économique, social et culturel. 1981-1985,* Ministère du plan et de l'industrie, Tome II, vol II, pp 257-259 ; pp 439-445.

RÉPUBLIQUE DE CÔTE D'IVOIRE, 1983, *Plan quinquennal de développement économique, social et culturel. 1981-1985,* Ministère du plan et de l'industrie, Tome I, pp 13- 15.

RÉPUBLIQUE DE CÔTE D'IVOIRE, 1983, *Stabilisation des systèmes de production dans la périphérie du parc national de Taï,* phase I, concept de projet, 94p + 120p. Ministère de l'agriculture et des ressources animales, Direction de la protection et de la nature.

RÉPUBLIQUE DE CÔTE D'IVOIRE, 1995, *Environnement de Côte d'Ivoire*, Ministère de l'environnement, PNAE, 1996-2010, 251p.

RÉPUBLIQUE DE CÔTE D'IVOIRE, 2002, *Écotourisme et gestion durable des aires protégées*, Ministère de l'environnement et du cadre de vie – Communication de Sombo Tano à l'atelier sous-régional en Afrique de l'ouest à LAMTO, Côte d'Ivoire, 8-10 Avril, 9p.

RÉPUBLIQUE DE COTE D'IVOIRE, 2007, *Bilan diagnostic des études nationales prospectives antérieures : CI 2000, CI 2010 et CI 2025. Rapport de synthèse,* Ministère d'État, Ministère du plan et du développement, Bureau national de prospective, 91 p.

RÉPUBLIQUE DE COTE D'IVOIRE, 2007, *Résumé des études prospectives 2010 et 2025,* Ministère d'État, Ministère du plan et du développement, Bureau national de prospective, 26 p.

RÉPUBLIQUE DE FRANCE, 1977 - *1985 : La France face au choc du futur,* Plan et prospectives, Commissariat général du plan, Paris, Documentation Française, 225 p.

RÉPUBLIQUE DE FRANCE, 2009, *France 2025 : Diagnostic stratégique - dix défis pour la France. »* Rapport écrit par Eric BESSON, Secrétariat d'État chargé de la prospective et de l'évaluation des politiques publiques, 47 p.

RÉPUBLIQUE DU MALI, 2001, *Rapport général de l'étude nationale prospective MALI 2025,* 200 p.

RGPH, 2021, *Recensement Général de la Population et de l'Habitat*, Institut National de Statistiques, 49 p.

RIEZEBOS Pierre, 1994, *Le Parc National de Taï, Côte d'Ivoire,* Fondation Tropenbos Pays-Bas Introduction Chapitre 8 Résumé, Rédaction générale, Pays-Bas, 325p.

ROMPAEY Van 1992, Typologie et productivité des écosystèmes forestiers du Sud-Ouest de la Côte d'Ivoire, compte rendu du séminaire sur l'aménagement intégré des forêts denses humides et des zones agricoles périphénques, Wagenmgen, Pays-Bas 533p.

ROTH et MERTZ, 1986, « Vorkommen und relative Hiiufigkeit von Siiugetieren im Taï Regenwaldgebiet der Elfenbemkuste (Présence et fréquence rélative des mammifères dans la région tropicale humlde de Tai, Côte d'Ivoire) ». Siiugetierkl. Mittl. 33(2/3), pp171-193.

SCHWETER Marilou, 2017, *Mission d'appui à l'interprétation des images satellites du Parc national de Taï et de sa zone périphérique*, OIPR/GZ, 62 p.

SINDIGA Isaac, 1999, *Tourism and African development – Charge and Challenge of tourism in Kenya.*

SODEFOR., 1989, *Parc national de la Marahoué : apurement de la situation foncière*. Rapport de la SODEFOR, Ministère des Eaux et Forêts, Abidjan, CI, 30 p.

SODEFOR, 1994, *« Les partenariats pour une bonne gestion forestière durable »* In Actes du premier Forum international d'Abidjan sur la forêt. 27-28 mars 1994.

SOURNIA Gerard, 1979, *« Compte rendu de thèse de LAUGINIE F. »* In Annales de l'Université d'Abidjan, série G, Tome VIII, pp 113-115.

SOURNIA Gerrard, 2000, *Les aires protégées d'Afrique francophone*. ACCT, Éditions Jean Pierre de Mouza, pp 47-58.

THORSELL James, 2005, *Le consensus de Durban sur les aires protégées africaines pour le nouveau millénaire,* UICN, Document tiré via internet.

TROPENBOS, 1994, *le parc national de Taï, Côte d'Ivoire*, Synthèse des connaissances, II-bibliographie, série 8, Pays-Bas, 325p.

TROPENBOS, 2004, *Effet du braconnage sur quelques aspects du comportement du colobe Bai « Procolobus (piliocobus) badius (kerr) » et du Cercopithèque Diane, dans le parc national de Taï*, Côte d'Ivoire, série 4, 146p.

UNESCO, PNUD, 1997, *Un écosystème de savane soudanéenne. Le parc national de Comoé*, 346p.

UNION EUROPENNE (UE), 1995, *Faune sauvage africaine, la ressource oubliée.* Tome I, p12-294.

VANGA Adja Ferdinand, 2004, « Conséquences socioéconomiques de 'expulsion des pêcheurs étrangers en Côte d'Ivoire lacs d'Ayamé et de Buyo », Revue européenne des migrations internationales, vol 20, n°1, Côte d'Ivoire, pp1-10.

VARLET Frédéric, 2013, *Étude de la production du cacao en zone riveraine du Parc national de Taï, Patrimoine mondial, Réserve de Biosphère*, GIZ, Abidjan, 175 p.

VISION SAGUENAY 2025., 2004, *Synthèse du forum « Les défis de l'avenir »*,58 p.

VOOREN Adrianus Pieter, 1987, *Les activités de Tropenbos en Côte d'Ivoire* "Séminaire sur la coopération franco-néerlandaise dans le domaine de la forêt tropicale", Marne, France, 27p.

WELLS Kentwood, 2007, *The ecology and behavior of amphibians, University of Chicago*, Press, 1148 p.

WWF, 1994, *Document 5, Monographie des parcs nationaux.*

WWF, 1994, *Document 5, Monographie des réserves naturelles.*

WWF, 1995, *Document 10, Programme de recherche biologique sur la faune- Sites d'études et espèces animales.*

WWF, 1997, *De la théorie à la pratique : Mesures d'incitation dans les pays en voie de développement,* p43.

WWF, 1997, *Synthèse des connaissances sur le parc national de Taï et propositions en vue de la rédaction d'un plan d'aménagement.*

YAO Constant Adou Yves et N'GUESSAN Édouard, 2005, « De la diversité floristique dans le sud du Parc National de Taï », BIOTERRE, Revue Internationale Sciences de la Vie et de la Terre, pp 49-58.

Table des matières

Structures éditoriales du groupe L'Harmattan

L'Harmattan Italie
Via degli Artisti, 15
10124 Torino
harmattan.italia@gmail.com

L'Harmattan Hongrie
Kossuth l. u. 14-16.
1053 Budapest
harmattan@harmattan.hu

L'Harmattan Sénégal
10 VDN SICAP AMITIE 3
BP 45034 Dakar-Fann
direction@senharmattan.com

L'Harmattan Cameroun
Tsinga/Derrière polyclinique FECAFOOT
BP 11486 Yaoundé
Jacques.koukam@harmattan.fr

L'Harmattan Burkina Faso
Villa 281, secteur 23 623, rue 14.32
Ouagadougou
zagbie@outlook.fr

L'Harmattan Guinée
Almamya, rue KA 028 OKB Agency
BP 3470 Conakry
harmattanguinee@yahoo.fr

L'Harmattan RDC
185, avenue Nyangwe
Commune de Lingwala - Kinshasa
matangilamusadila@yahoo.fr

L'Harmattan Congo
219, avenue Nelson Mandela
BP 2874 Brazzaville
deunovmikhael@gmail.com

L'Harmattan Mali
Immeuble Mgr Jean Marie Cissé
Aci Hamadallaye
BP 145 Bamako
syllaka@yahoo.fr

L'Harmattan Togo
Djidjole - Maison Amela
face EPP BATOME
02 BP 20680 Lomé
didieramela11@gmail.com

L'Harmattan Côte d'Ivoire
Résidence Karl - Cité des Arts
Abidjan-Cocody
03 BP 1588 Abidjan
harmattan.ivoire@gmail.com

L'Harmattan Bénin
Rue 604, (Immeuble à l'entrée
de la rue UCAO- Cite de Saint-Jean)
Cotonou
stepcorpus@gmail.com

Nos librairies en France

Librairie internationale
16, rue des Écoles
75005 Paris
librairie.internationale@harmattan.fr
01 40 46 79 11
www.librairieharmattan.com

Librairie des savoirs
21, rue des Écoles
75005 Paris
librairie.sh@harmattan.fr
01 46 34 13 71
www.librairieharmattansh.com

www.ingramcontent.com/pod-product-compliance
Lightning Source LLC
LaVergne TN
LVHW080933071026
849535LV00013B/4187
9782336508665